웨스트민스터 소요리문답
이해 쓰기

세움북스는 기독교 가치관으로 교회와 성도를 건강하게 세우는 바른 책을 만들어 갑니다.

세움북스
이해쓰기
시리즈.3

웨스트민스터 소요리문답 **이해 쓰기** 한영대조

초판 1쇄 발행 2021년 3월 15일
초판 3쇄 발행 2022년 11월 15일

지은이 ᅵ 세움북스 편집부
번역 및 해설 ᅵ 권율
펴낸이 ᅵ 강인구

펴낸곳 ᅵ 세움북스
등 록 ᅵ 제2014-000144호
주 소 ᅵ 서울시 종로구 대학로 19 한국기독교회관 1010호
전 화 ᅵ 02-3144-3500
팩 스 ᅵ 02-6008-5712
이메일 ᅵ cdgn@daum.net

디자인 ᅵ 참디자인

ISBN 979-11-87025-93-1 (03230)

세움북스
이해쓰기
시리즈.3

웨스트민스터 소요리문답
이해 쓰기

한영
대조

세움북스 편집부
번역 및 해설 | 권율

세움북스

세움북스 이해쓰기 시리즈

세움북스 이해 쓰기 시리즈는 쓰기에 '이해'를 더한 신개념 쓰기 책입니다. 기존의 쓰기 책에 쉽고 친절한 개념 설명을 추가하여 쓰기의 즐거움과 유익을 극대화할 수 있게 기획되었습니다. 요리문답과 성경을 주제로 다양한 종류의 이해 쓰기 시리즈를 선보일 예정입니다. 교회에서, 가정에서, 소그룹 모임에서, 교우들과 학생들 그리고 자녀들과 함께해 보세요! 세움북스 이해 쓰기 시리즈를 통해 풍성한 은혜의 열매가 있으리라 확신합니다.

일러두기

먼저, 이 번역본은 소요리문답 원문의 내용을 최대한 동일하게 전달하려는 데 그 목적이 있다. 마치 성경을 원문에서 충실하게 번역한다는 생각으로 작업하였다. 따라서 부득이한 경우를 제외하고는 모든 표현을 '축자적으로'(literally) 번역했음을 일러둔다. 그렇기 때문에 원문의 같은 어휘는 몇몇 경우를 제외하면 어느 문답에서나 동일한 단어로 번역하였다.

다음으로, 복수형 명사를 많은 경우에 단수형으로 번역하였다. 한국어 명사에는 복수형이 그다지 사용되지 않는다. 복수형 개념이 없어서가 아니라, 많은 경우에 단수형이 복수형 의미를 대신하기 때문이다. 예를 들어, 72문답에 나오는 "생각과 말과 행동"(thoughts, words, and actions)을 "생각들과 말들과 행동들"이라고 번역하면, 아마 대부분의 한국인은 어색하게 느낄 것이다.

셋째로, 원래는 원문의 철자를 그대로 복원하여 작업했지만 s의 고어형 ſ만 현대화시켰다. 예를 들면, righteouſneſs를 righteousness로 바꾸어서 표기하였다. 편집상의 이유도 있지만 무엇보다 원문의 가독성을 더하기 위한 것이다. 그리고 원문에 나오는 모든 단어를 정리하여 부록에 '단어 색인'으로 첨부해 두었다.

마지막으로, 단어 간의 미묘한 의미 차이를 최대한 구별하여 번역했고, 또한 17세기 영어의 맥락에서 번역했음을 밝혀 둔다. 예를 들어, sin과 transgression에는 의미 차이가 미묘하게 존재하는데, 둘 다 '죄'라고 번역할 수 있지만 transgression은 죄를 짓는 '행위'에 초점을 둔 표현이므로 '범죄'라고 번역하는 것이 좋다. 또 motion, property, propriety 등과 같은 단어는 17세기에 출간된 영어 사전을 참고해야 정확한 뜻을 파악할 수 있다.

1648
Westminster
Shorter
Catechism

편집부 서문

한국교회에 '성경 쓰기' 열풍이 불고 있습니다. '성경 쓰기'는 코로나19 상황 속에 지쳐있는 성도들의 영성을 풍요롭게 하는 훌륭한 도구가 되고 있습니다. 그런데 과연 '쓰기'만으로 충분할까요? 뜻과 의미에 대한 이해가 부족한 '쓰기'는 뭔가 아쉬운 상황입니다. 세움북스 편집부에서 이런 아쉬움을 극복하고, 여러분의 '성경 쓰기'를 보다 더 풍요롭게 하기 위해 《세움북스 이해 쓰기 시리즈》를 만들었습니다. 《세움북스 이해 쓰기 시리즈》는 기존의 쓰기 책에, 이해를 돕기 위한 간략한 해설과 용어 설명을 더한 신개념 쓰기 노트입니다.

이 책 『웨스트민스터 소요리문답 이해 쓰기』는 개혁교회 표준문서인 웨스트민스터 소요리문답을 이해하며 쓸 수 있도록 기획된 책입니다. 신앙의 선조들이 후대를 위해 만든 신앙고백의 결정체를 이제 『웨스트민스터 소요리문답 이해 쓰기』로 원문의 의미를 이해하며 쓸 수 있게 되었습니다. '쓰기'가 굿(Good)이라면, '이해 쓰기'는 베스트(Best)입니다. 《세움북스 이해 쓰기 시리즈》로 이해하며 쓰는 즐거움을 마음껏 누리시기 바랍니다.

번역·해설자 서문

3년 전에 출간된 『원문을 그대로 번역한 웨스트민스터 소교리문답(영한대조)』이 출판사의 참신한 기획으로 소요리문답 필사 교재로 탈바꿈되었습니다. '이해 쓰기'라는 그 특성에 맞게 각 문답마다 이해를 돕는 역자의 요약이 달려 있습니다. 소요리문답 본문의 언어로 요약한 것이기 때문에, 그 자체가 '요약 소요리문답'이라고 해도 과언이 아닙니다.

필사 교재의 특성상 개념 흐름도와 각주들은 모두 생략했습니다. 또 번역상의 이유로 첨가된 작은 글씨도 본문과 동일한 크기로 작업했습니다. 영어 원문을 필사하다가 혹시 그런 부분까지 알고 싶으면 위의 책을 참고하시면 됩니다.

아무쪼록 『웨스트민스터 소요리문답 이해 쓰기』를 통해 코로나19 상황에서도 바른 교리를 향한 열정을 불태우시기 바랍니다. 이번 2쇄부터는 부록에 단어 색인이 추가되었습니다. 무엇보다 출판사의 노고에 감사드리고 이 책을 활용할 모든 분들에게도 미리 감사드립니다.

이 책의 구성 및 활용법

이번 문답을 요약한 내용입니다.
문답의 핵심 이해를 돕습니다.

〈웨스트민스터 소요리문답〉 번호입니다.
총 107개의 문답으로 구성되어 있습니다.

원문을 그대로 번역한
〈웨스트민스터 소요리문답〉
질문과 대답입니다.
쓰기 전에 먼저 꼭 읽어 보세요.

한글 쓰기 부분입니다.
한글은 두 번 쓸 수 있습니다.

〈웨스트민스터 소요리문답〉
1658년 인쇄본(표준문서 제2판)입니다.

영문 쓰기 부분입니다.
영문은 한 번 쓸 수 있습니다.
긴 문장은 두 번 쓸 수 있습니다.

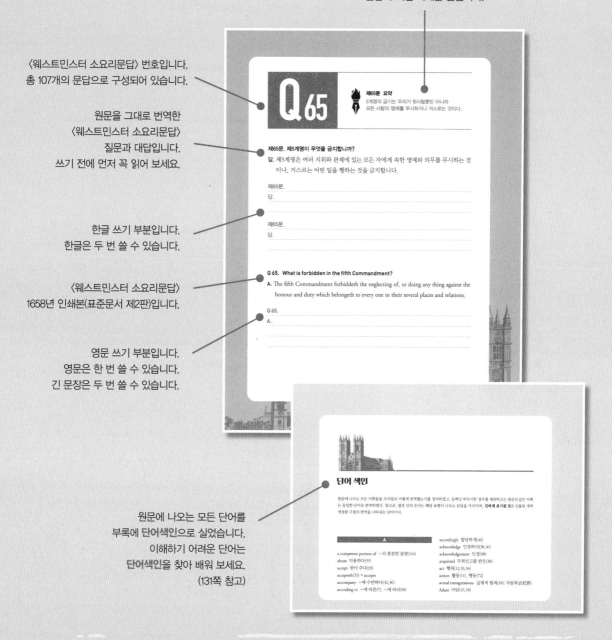

Q 65

제65문 요약
5계명의 금지는 우리가 윗사람뿐만 아니라
모든 사람의 명예를 무시하거나 거스르는 것이다.

제65문. 제5계명이 무엇을 금지합니까?
답. 제5계명은 여러 지위와 관계에 있는 모든 자에게 속한 명예와 의무를 무시하는 것이나, 거스르는 어떤 일을 행하는 것을 금지합니다.

제65문.
답.

제65문.
답.

Q 65. What is forbidden in the fifth Commandment?
A. The fifth Commandment forbiddeth the neglecting of, or doing any thing against the honour and duty which belongeth to every one in their several places and relations.

Q 65.
A.

단어 색인

원문에 나오는 모든 단어를
부록에 **단어색인**으로 실었습니다.
이해하기 어려운 단어는
단어색인을 찾아 배워 보세요.
(131쪽 참고)

원문에 나오는 모든 어휘들을 우리말로 어떻게 번역했는가를 정리하였고, 문맥상 부득이한 경우를 제외하고는 원문의 같은 어휘는 동일한 단어로 번역하였다. 참고로, 괄호 안의 숫자는 해당 표현이 나오는 문답을 가리키며, **진하게 표기된 것**은 인용된 개역개정판 구절의 번역을 나타내는 단어이다.

A

a competent portion of ~의 충분한 분량(104)
abuse 악용하다(55)
accept 받아 주다(33)
accepteth(33) = accepts
accompany ~에 수반하다(32, 36)
according to ~에 따른(7), ~에 따라(96)

accordingly 합당하게(46)
acknowledge 인정하다(38, 46)
acknowledgement 인정(38)
acquitted 무죄선고를 받은(38)
act 행위(12, 33, 34)
action 활동(11), 행동(72)
actual transgressions 실제적 범죄(18): 자범죄(自犯罪)
Adam 아담(16, 18)

제1문 요약
사람의 목적은 하나님을 영화롭게 하고
영원히 즐거워하는 것이다.

제1문. 사람의 제일 되는 목적이 무엇입니까?

답. 사람의 제일 되는 목적은 하나님을 영화롭게 하고, 영원토록 그분을 즐거워하는 것입니다.

제1문.

답.

제1문.

답.

Q 1. What is the chief end of man?

A. Mans chief end is to glorifie God, and to enjoy him for ever.

Q 1.

A.

제2문 요약

하나님을 영화롭게 하고 즐거워하는 법을
지도하는 법칙이 있는데, 그것은 신구약 성경이다.

제2문. 우리가 하나님을 영화롭게 하고 즐거워하는 법을 지도하시려고, 하나님께서 우리에게 무슨 법칙을 주셨습니까?

답. 구약과 신약 성경에 들어 있는 하나님의 말씀이, 우리가 하나님을 영화롭게 하고 즐거워하는 법을 지도하는 유일한 법칙입니다.

제2문.

답.

제2문.

답.

Q 2. What rule hath God given to direct us how we may glorifie and enjoy him?

A. The Word of God which is contained in the Scriptures of the Old and New Testaments, is the only rule to direct us how we may glorifie and enjoy him.

Q 2.

A.

제3문 요약
성경의 주된 가르침은 2가지이다.
하나님에 대해 무엇을 믿어야 하는지,
또 우리에게 어떤 의무를 요구하시는지.

제3문. 무엇을 성경이 주되게 가르칩니까?

답. 성경은 사람이 하나님에 대해 무엇을 믿어야 하는지, 또한 하나님께서 사람에게 어떤 의무를 요구하시는지를 주되게 가르칩니다.

제3문.

답.

제3문.

답.

Q 3. What do the Scriptures principally teach?

A. The Scriptures principally teach, what man is to believe concerning God, and what duty God requires of man.

Q 3.

A.

제4문 요약
하나님은 무한하고 영원하며 불변하는 영이시다.
존재, 지혜, 능력, 거룩함, 공의, 선함, 진실함에
있어서.

제4문. 하나님이 어떤 분이십니까?

답. 하나님은 영이시며, 자신의 존재와 지혜와 능력과 거룩함과 공의와 선함과 진실함에 있어서, 무한하시고 영원하시며 불변하십니다.

제4문.

답.

제4문.

답.

Q 4. What is God?

A. God is a Spirit, Infinite, Eternal, and Unchangeable, in his Being, Wisdom, Power, Holiness, Justice, Goodness and Truth.

Q 4.

A.

제5문 요약
살아 계시고 참되신 한 하나님 외에
다른 신들은 없다.

제5문. 한 하나님 외에 다른 신들이 있습니까?

답. 오직 하나이시며, 살아 계시고 참되신 하나님만 계십니다.

제5문.

답.

제5문.

답.

Q 5. Are there more Gods than one?

A. There is but one only, the living and true God.

Q 5.

A.

제6문 요약

하나님은 삼위로 계시는데 성부, 성자, 성령이시다. 삼위는 한 하나님이시고, 본질이 동일하시며, 능력과 영광이 동등하시다.

제6문. 하나님의 신격에 몇 위(位)가 계십니까?

답. 하나님의 신격(神格)에는 삼위가 계시는데, 성부와 성자와 성령이십니다. 또한 이 삼위는 한 하나님이시며, 본질이 동일하시고, 능력과 영광이 동등하십니다.

제6문.

답.

제6문.

답.

Q 6. How many persons are there in the God-head?

A. There are three persons in the God-head; the Father, the Son and the Holy Ghost, and these three are one God, the same in substance, equal in power and glory.

Q 6.

A.

제7문 요약
하나님의 작정은 자기 뜻대로
결정하심에 따른 영원한 목적이다.
자신의 영광을 위해 모든 일을 미리 정하신 것이다.

제7문. 하나님의 작정(作定)이 무엇입니까?

답. 하나님의 작정은 자기 뜻의 결정에 따른 그분의 영원한 목적인데, 하나님 자신의 영광을 위해, 하나님께서 일어나는 모든 일을 자기 뜻대로 미리 정하신 것입니다.

제7문.

답.

제7문.

답.

Q 7. What are the decrees of God?

A. The decrees of God, are his eternal purpose according to the counsel of his Will, whereby for his own glory, he hath fore—ordained whatsoever comes to passe.

Q 7.

A.

제8문 요약
작정을 수행하시는 방법은 창조와 섭리이다.

제8문. 어떻게 하나님께서 자신의 작정을 수행하십니까?

답. 하나님께서는 자신의 작정을 창조와 섭리의 사역 가운데 수행하십니다.

제8문.

답.

제8문.

답.

Q 8. How doth God execute his decrees?

A. God executeth his decrees in the works of Creation and Providence.

Q 8.

A.

제9문 요약

창조는 하나님이 6일 동안 능력의 말씀으로 무(無)에서 만물을 만드신 것이다.

제9문. 창조의 사역이 무엇입니까?

답. 창조의 사역은 하나님이 엿새 동안에 자신의 능력의 말씀으로, 아무것도 없는 중에서 만물을 만드신 것인데, 모든 것이 매우 좋았습니다.

제9문.

답.

제9문.

답.

Q 9. What is the work of Creation?

A. The work of Creation is Gods making all things of nothing by the Word of his Power, in the space of six dayes, and all very Good.

Q 9.

A.

제10문 요약
하나님은 자기 형상대로 사람을 남자와 여자로
창조하셨고, 지식과 의와 거룩함을 부여하셨다.

제10문. 어떻게 하나님께서 사람을 창조하셨습니까?

답. 하나님께서는 사람을 남자와 여자로 창조하셨는데, 지식과 의(義)와 거룩함에 있
어서, 하나님 자신의 형상대로 창조하셨고, 또 피조물을 다스리게 하셨습니다.

제10문.

답.

제10문.

답.

Q 10. How did God create man?

A. God created man male and female after his own image, in knowledge, righteousness,
and holiness, with dominion over the creatures.

Q 10.

A.

제11문 요약
하나님의 섭리는 모든 피조물을 '보존'하시고 '통치'하시는 것이다.

제11문. 하나님의 섭리의 사역이 무엇입니까?

답. 하나님의 섭리의 사역은 그분의 모든 피조물과 그 모든 활동들을, 가장 거룩하고 지혜롭고 능력 있게, 하나님께서 보존하시며 통치하시는 것입니다.

제11문.

답.

제11문.

답.

Q 11. What are Gods works of Providence?

A. Gods works of Providence are his most holy, wise, and powerful preserving, and governing all his creatures, and all their actions.

Q 11.

A.

제12문 요약

하나님이 사람을 창조하셨을 때
완전한 순종을 조건으로 생명의 언약을 맺으셨고,
사망의 형벌로써 선악과를 금지하셨다.

제12문. 사람이 창조된 원래 상태에서 무슨 특별한 섭리 행위를 하나님께서 그에게 하셨습니까?

답. 하나님께서 사람을 창조하셨을 때, 완전한 순종을 조건으로, 그와 생명의 언약을 맺으셨습니다. 또한 선악을 알게 하는 나무의 열매를 먹는 것을, 사망의 형벌로써 그에게 금지하셨습니다.

제12문.

답.

_____

_____

제12문.

답.

_____

_____

Q 12. What special act of Providence did God exercise towards man in the estate wherein he was created?

A. When God had created man, he entred into a Covenant of life with him, upon condition of perfect obedience: forbidding him to eat of the tree of the knowledge of good and evil, upon pain of death.

Q 12.

A.

_____

_____

제13문 요약
자유 의지를 가진 우리의 첫 조상은
하나님을 대적하여, 창조된 원래 상태에서 타락했다.

제13문. 우리의 첫 조상이 창조된 원래 상태에 계속 있었습니까?

답. 우리의 첫 조상은, 그들 자신의 자유 의지를 지녔으나, 하나님을 대적하여 죄를
지음으로, 창조된 원래 상태에서 타락하였습니다.

제13문.

답.

제13문.

답.

Q 13. Did our first Parents continue in the estate wherein they were created?

A. Our first Parents, being left to the freedom of their own will, fell from the estate
wherein they were created, by sinning against God.

Q 13.

A.

제14문 요약

죄는 하나님의 율법을 조금이라도 범하는 것이다.

제14문. 죄가 무엇입니까?

답. 죄는 하나님의 율법을 조금이라도 부족하게 따르거나 범하는 것입니다.

제14문.

답.

제14문.

답.

Q 14. What is sin?

A. Sin is any want of conformity unto, or transgression of the Law of God.

Q 14.

A.

Q15

제15문. 우리의 첫 조상이 창조된 원래 상태에서 타락한 죄가 무엇이었습니까?

답. 우리의 첫 조상이 창조된 원래 상태에서 타락한 죄는, 그들이 금지된 열매를 먹은 것이었습니다.

제15문.

답.

_____

제15문.

답.

_____

Q15. What was the sin whereby our first Parents fell from the estate, wherein they were created?

A. The sin whereby our first Parents fell from the estate, wherein they were created, was their eating the forbidden fruit.

Q 15.

_____

A.

_____

제16문 요약

모든 인류는 아담 안에서 죄를 지었고,
그의 첫 범죄 안에서 함께 타락했다.
왜냐하면 하나님이 아담과 맺으신 언약은
그의 자손에게도 적용되기 때문이다.

제16문. 모든 인류가 아담의 첫 범죄 안에서 타락하였습니까?

답. 아담과 맺어진 그 언약은 자신뿐만 아니라, 그의 자손까지도 위한 것이므로, 일반적인 출생으로 그의 자손이 된 모든 인류는, 아담 안에서 죄를 지었고, 또한 그의 첫 범죄 안에서 그와 함께 타락하였습니다.

제16문.

답.

_____

_____

제16문.

답.

_____

_____

Q 16. Did all mankind fall in Adams first transgression?

A. The Covenant being made with Adam not only for himself, but for his posterity, all mankind descending from him by ordinary generation, sinned in him, and fell with him in his first transgression.

Q 16.

A.

_____

_____

제17문 요약
그 타락은 인류를 죄와 비참함에 빠지게 했다.

제17문. 그 타락이 인류를 어떤 상태에 빠지게 하였습니까?
답. 그 타락은 인류를 죄와 비참함의 상태에 빠지게 하였습니다.

제17문. _____
답. _____

제17문. _____
답. _____

Q 17. Into what estate did the Fall bring mankind?
A. The Fall brought mankind into an estate of sin and misery.

Q 17. _____
A. _____

제18문 요약

타락한 죄성은 아담의 죄책과 원의가 없는 것과
부패한 본성인데, 이것을 '원죄'라고 부른다.
또 원죄에서 모든 '실범죄'가 나온다.

제18문. 사람이 타락한 그 상태의 죄성(罪性)이 어디에 있습니까?

답. 사람이 타락한 그 상태의 죄성은, 아담의 첫 죄에 대한 죄책(罪責)과, 원의(原義)가 없는 것과, 또 그의 본성 전체가 부패한 것에 있습니다. 이것은 흔히 원죄라고 불리며, 또한 원죄로부터 나오는 모든 실제적 범죄가 수반됩니다.

제18문.

답.

제18문.

답.

Q 18. Wherein consists the sinfulness of that estate whereinto man fell?

A. The sinfulness of that estate, whereinto man fell, consists in the guilt of Adams first sin, the want of Original righteousness, and the corruption of his whole nature, which is commonly called Original sin, together with all actual transgressions which proceed from it.

Q 18.

A.

Q19

제19문 요약

타락이 가져온 비참함은 사람이 하나님과의 교제를 상실하고, 그분의 진노와 저주를 받는 것이다. 그래서 삶의 비참함과 사망과 영원한 지옥 형벌이 따른다.

제19문. 사람이 타락한 그 상태의 비참함이 무엇입니까?

답. 모든 인류는 자신들의 타락으로 하나님과의 교제를 상실하였고, 그분의 진노와 저주 아래에 있으며, 그로 인해 이 세상 삶의 온갖 비참함과, 사망 그 자체와, 또한 영원토록 지옥의 형벌을 면할 수 없습니다.

제19문.

답.

_____

_____

_____

제19문.

답.

_____

_____

_____

Q 19. What is the misery of that estate whereinto man fell?

A. All mankind by their fall lost communion with God, are under his wrath and curse, and so made liable to all miseries in this life, to death it self, and to the pains of hell for ever.

Q 19.

A.

_____

_____

제20문 요약

영원 전부터 하나님은 어떤 이들을 영생에 이르도록 선택하셔서 그들을 죄와 비참함에서 건져 내셨다. 구속자를 통해 그들을 구원하시려고 '은혜 언약'을 또한 맺으셨다.

제20문. 하나님께서 모든 인류가 죄와 비참함의 상태에 멸망하도록 내버려 두셨습니까?

답. 하나님께서는 자신의 전적으로 선하신 뜻대로 영원 전부터, 어떤 이들을 영원한 생명에 이르도록 선택하셔서, 그들을 죄와 비참함의 상태로부터 건져 내어, 구속자에 의해 구원의 상태로 그들을 인도하시려고, 은혜 언약을 맺으셨습니다.

제20문.

답.

제20문.

답.

Q 20. Did God leave all mankind to perish in the estate of sin and misery?

A. God having out of his meer good pleasure from all eternity, elected some to everlasting life, did enter into a covenant of grace, to deliver them out of the estate of sin and misery, and to bring them into an estate of Salvation by a Redeemer.

Q 20.

A.

Q21

제21문 요약
선택하신 자들의 유일한 구속자는 주 예수 그리스도
이시다. 하나님의 영원하신 아들로서 사람이 되셨고,
하나님이자 사람으로 계속 계신다.

제21문. 하나님께서 선택하신 자들의 구속자가 누구입니까?

답. 하나님께서 선택하신 자들의 유일한 구속자는 주 예수 그리스도이십니다. 그분은
하나님의 영원하신 아들로서, 사람이 되셨고, 또 그렇게 계셨으며, 그리고 구별된
두 본성과 한 위격을 영원토록 지니시는, 하나님이자 사람으로 계속 계십니다.

제21문.

답.

제21문.

답.

Q 21. Who is the Redeemer of Gods Elect?

A. The only Redeemer of Gods Elect, is the Lord Jesus Christ, who being the eternal
Son of God, became man, and so was, and continueth to be God and man in two
distinct Natures, and one Person for ever.

Q 21.

A.

제22문 요약

하나님의 아들 그리스도는 몸과 영혼을 취하셔서
사람이 되셨고, 성령의 능력으로 잉태되어
처녀 마리아에게서 무죄(無罪)한 상태로 탄생하셨다.

제22문. 어떻게 그리스도께서 하나님의 아들로서 사람이 되셨습니까?

답. 하나님의 아들 그리스도께서는, 참된 몸과 이성 있는 영혼을 자신에게 취하심으
로써, 사람이 되셨는데, 처녀 마리아의 복중에 성령의 능력으로 잉태되어, 그녀에
게서 탄생하셨으나, 죄는 없으십니다.

제22문.

답.

_____

_____

제22문.

답.

_____

_____

Q 22. How did Christ being the Son of God become man?

A. Christ the Son of God became man, by taking to himself a true body, and a
reasonable soul, being conceived by the power of the Holy Ghost, in the womb of
the Virgin Mary, and born of her, yet without sin.

Q 22.

A.

_____

_____

_____

제23문 요약

그리스도는 우리의 구속자로서
선지자와 제사장과 왕의 직분을 수행하신다.

제23문. 그리스도께서 우리의 구속자로서 어떤 직분을 수행하십니까?

답. 그리스도께서는 우리의 구속자로서, 자신의 낮아지심과 높아지심의 상태 모두에서, 선지자와 제사장과 왕의 직분을 수행하십니다.

제23문.

답.

제23문.

답.

Q 23. What offices doth Christ execute as our Redeemer?

A. Christ as our Redeemer, executeth the offices of a Prophet, of a Priest, and of a King, both in his estate of humiliation and exaltation.

Q 23.

A.

제24문 요약

그리스도는 말씀과 성령으로 우리에게 하나님의 뜻을
계시하심으로 선지자 직분을 수행하신다.

제24문. 어떻게 그리스도께서 선지자의 직분을 수행하십니까?

답. 그리스도께서는 우리의 구원을 위한 하나님의 뜻을, 자신의 말씀과 성령으로 우
리에게 계시하시면서, 선지자의 직분을 수행하십니다.

제24문.

답.

제24문.

답.

Q 24. How doth Christ execute the office of a Prophet?

A. Christ executeth the office of a Prophet, in revealing to us by his word and Spirit, the
will of God for our salvation.

Q 24.

A.

Q25

제25문 요약

그리스도는 자신을 제물로 단번에 드리시고
우리를 위해 계속 중보하시면서 제사장 직분을
수행하신다.

제25문. 어떻게 그리스도께서 제사장의 직분을 수행하십니까?

답. 그리스도께서는 하나님의 공의를 만족시키시고 우리를 하나님과 화목하게 하시기 위해, 자신을 제물로 단번에 드리심으로써, 또한 우리를 위해 계속 중보하시면서, 제사장의 직분을 수행하십니다.

제25문.

답.

제25문.

답.

Q 25. How doth Christ execute the office of a Priest?

A. Christ executeth the office of a Priest, in his once offering up of himself a sacrifice to satisfie divine Justice, and reconcile us to God, and making continual intercession for us.

Q 25.

A.

제26문 요약

그리스도는 우리를 다스리시고 지키시면서,
또 모든 원수들을 정복하시면서 왕의 직분을
수행하신다.

제26문. 어떻게 그리스도께서 왕의 직분을 수행하십니까?

답. 그리스도께서는 우리를 자신에게 복종시키시면서, 우리를 다스리시고 지키시면서, 또한 자신과 우리의 모든 원수들을 제어하시고 정복하시면서, 왕의 직분을 수행하십니다.

제26문.

답.

제26문.

답.

Q 26. How doth Christ execute the office of a King?

A. Christ executeth the office of a King, in subduing us to himself, in ruling, and defending us, and restraining and conquering all his and our enemies.

Q 26.

A.

제27문 요약

그리스도의 낮아지심은 탄생하심과 장사되심에 있었다. 즉, 율법 아래에 나셔서 이생의 비참함과 하나님의 진노와 십자가의 죽음을 당하시고, 얼마 동안 죽음의 권세 아래에 계셨다.

제27문. 그리스도의 낮아지심이 어디에 있었습니까?

답. 그리스도의 낮아지심은 그분이 탄생하신 이 사실에 있었는데, 그것도 비천한 형편으로 율법 아래에 나셔서, 이 세상 삶의 비참함과, 하나님의 진노와, 십자가의 저주받은 죽음을 당하신 것에 있었으며, 또한 장사되셔서, 얼마 동안 죽음의 권세 아래에 거하신 것에 있었습니다.

제27문.

답.

_____

_____

_____

제27문.

답:

_____

_____

_____

Q 27. Wherein did Christs humiliation consist?

A. Christs humiliation consisted in his being born, and that in a low condition, made under the law, undergoing the miseries of this life, the wrath of God, and the cursed death of the cross, in being buried, and continuing under the power of death for a time.

Q 27.

A.

_____

_____

_____

Q 27.

A.

_____

_____

_____

제28문 요약
그리스도의 높아지심은 부활과 승천과
하나님 우편에 앉아 계심과
심판하러 다시 오심에 있다.

제28문. 그리스도의 높아지심이 어디에 있습니까?

답. 그리스도의 높아지심은 셋째 날에 죽은 자들로부터 그분이 다시 살아나신 것과, 하늘로 올라가신 것과, 하나님 아버지의 오른편에 앉아 계신 것과, 또한 마지막 날에 세상을 심판하러 오시는 것에 있습니다.

제28문.

답.

제28문.

답.

Q 28. Wherein consisteth Christs Exaltation?

A. Christs Exaltation consisteth in his rising again from the dead on the third day, in ascending up into heaven, in sitting at the right hand of God the Father, and in coming to judge the world at the last day.

Q 28.

A.

제29문 요약

그리스도가 '성취'하신 구속을
성령께서 우리에게 효력 있게 '적용'하심으로써,
우리는 그 구속에 참여하는 자가 된다.

제29문. 그리스도에 의해 획득된 구속(救贖)에 어떻게 우리가 참여하는 자가 됩니까?

답. 그분의 성령에 의해, 그 구속이 우리에게 효력 있게 적용됨으로써, 우리는 그리스
도에 의해 획득된 구속에 참여하는 자가 됩니다.

제29문.

답.

제29문.

답.

Q 29. How are we made partakers of the Redemption purchased by Christ?

A. We are made partakers of the Redemption purchased by Christ, by the effectual
application of it to us, by his holy Spirit.

Q 29.

A.

제30문 요약
성령께서 우리에게 주신 믿음으로
우리를 그리스도와 '연합'시키셔서,
그리스도가 성취하신 구속을 우리에게 적용하신다.

제30문. 그리스도에 의해 획득된 구속을 어떻게 성령께서 우리에게 적용하십니까?

답. 성령께서는 우리 안에 믿음을 일으키심으로써, 또한 효력 있는 부르심 가운데 그 믿음으로 우리를 그리스도와 연합시키심으로써, 그리스도에 의해 획득된 구속을 우리에게 적용하십니다.

제30문.

답.

_____

_____

제30문.

답.

_____

_____

Q 30. How doth the Spirit apply to us the Redemption purchased by Christ?

A. The Spirit applyeth to us the Redemption purchased by Christ, by working faith in us, and thereby uniting us to Christ in our effectual Calling.

Q 30.

A.

_____

_____

제31문 요약

효력 있는 부르심은 성령께서 우리를 설득하셔서
예수 그리스도를 영접할 수 있게 하시는 것이다.
우리의 죄를 깨닫게 하시고, 마음을 조명하시며,
의지를 새롭게 하심으로.

제31문. 효력 있는 부르심이 무엇입니까?

답. 효력 있는 부르심은 하나님의 성령의 사역인데, 우리의 죄와 비참함을 깨닫게 하
시고, 그리스도를 아는 지식으로 우리의 마음을 조명하시며, 우리의 의지를 새롭
게 하셔서, 복음 가운데 우리에게 값없이 제시된 예수 그리스도를, 우리를 설득하
심으로 우리가 영접할 수 있게 하시는 것입니다.

제31문.

답.

제31문.

답.

Q 31. What is effectual calling?

A. Effectual calling is the work of Gods Spirit, whereby, convincing us of our sin and misery, inlightening our minds in the knowledge of Christ, and renewing our wills, he doth perswade and enable us to embrace Jesus Christ, freely offered to us in the Gospel.

Q 31.

A.

Q 31.

A.

제32문 요약

효력 있는 부르심을 받은 자들은
칭의와 양자됨과 성화에 참여하고,
여기에는 여러 가지 은혜가 수반된다.

제32문. 효력 있는 부르심을 받은 자들이 이 세상 삶에서 무슨 은덕에 참여합니까?

답. 효력 있는 부르심을 받은 자들은 이 세상 삶에서 칭의(稱義)와 양자됨과 성화(聖化)에 참여하고, 또한 이 세상 삶에서 그것들에 수반하거나 그것들에서 흘러나오는 여러 은덕에 참여합니다.

제32문.

답.

_____

_____

제32문.

답.

_____

_____

_____

Q 32. What benefits do they that are Effectually Called partake of in this life?

A. They that are effectually called do in this life partake of Justification, Adoption, Sanctification, and the several benefits which in this life do either accompany or flow from them.

Q 32.

A.

_____

_____

_____

Q33

제33문 요약

칭의는 우리 죄를 '용서'하시고 우리를 '의인'으로 받아 주시는 것이다. 그 근거는 오직 믿음을 통해 우리에게 전가된 그리스도의 의이다.

제33문. 칭의가 무엇입니까?

답. 칭의는 하나님의 값없는 은혜의 행위인데, 우리에게 전가(轉嫁)되어 오직 믿음으로 받아진 그리스도의 의에만 근거하여, 우리의 모든 죄를 사면하시고, 하나님의 목전(目前)에서 우리를 의로운 자로 받아 주시는 것입니다.

제33문.

답.

제33문.

답.

Q 33. What is Justification?

A. Justification is an act of Gods free grace, wherein he pardoneth all our sins, and accepteth us as righteous in his sight, only for the righteousness of Christ imputed to us, and received by Faith alone.

Q 33.

A.

 제34문 요약
양자됨은 우리가 하나님의 자녀가 되어,
자녀의 모든 특권을 누리는 것이다.

제34문. 양자됨이 무엇입니까?

답. 양자됨은 하나님의 값없는 은혜의 행위인데, 우리가 자녀의 수효(數爻)에 받아들
여지는 것이며, 또한 하나님의 자녀의 모든 특권을 누릴 권리를 가지는 것입니다.

제34문.

답.
_____

_____

_____

제34문.

답.
_____

_____

_____

Q 34. What is Adoption?

A. Adoption is an act of Gods free grace, whereby we are received into the number, and
have a right to all the privileges of the Sons of God.

Q 34.

A.
_____

_____

_____

제35문 요약
성화는 우리가 하나님의 형상대로 새롭게
되는 것이며, 죄에 대해서는 점점 죽고
의에 대해서는 점점 살게 되는 것이다.

제35문. 성화가 무엇입니까?

답. 성화는 하나님의 값없는 은혜의 사역인데, 우리가 하나님의 형상대로 전인(全人)
적으로 새롭게 되는 것이며, 또한 죄에 대해서는 점점 죽고, 의에 대해서는 점점
살 수 있게 되는 것입니다.

제35문.

답.

제35문.

답.

Q 35.　What is Sanctification?

A. Sanctification is the work of Gods free grace, whereby we are renewed in the whole
man after the image of God, and are enabled more and more to die unto sin, and
live unto righteousnesse.

Q 35.

A.

제36문 요약

칭의와 양자됨과 성화에 수반되는 은혜는
하나님의 사랑에 대한 확신, 양심의 평안,
성령 안에서의 기쁨, 풍성해지는 은혜,
끝까지 굳게 참는 것이다.

**제36문. 이 세상 삶에서 칭의와 양자됨과 성화에 수반하거나 그것들에서 흘러나오는 은덕이
무엇입니까?**

답. 이 세상 삶에서 칭의와 양자됨과 성화에 수반하거나 그것들에서 흘러나오는 은덕
은, 하나님의 사랑에 대한 확신과, 양심의 평안과, 성령 안에 있는 기쁨과, 은혜의
확장과, 또 그 안에서 끝까지 계속되는 견인(堅忍)입니다.

제36문.

답.

제36문.

답.

Q 36. What are the benefits which in this life do accompany or flow from Justification, Adoption, and Sanctification?

A. The benefits which in this life do accompany or flow from Justification, Adoption, and Sanctification, are assurance of Gods love, peace of conscience, joy in the Holy Ghost, encrease of grace, and perseverance therein to the end.

Q 36.

A.

Q 36.

A.

제37문. 죽음의 때에 신자들은 그리스도로부터 무슨 은덕을 받습니까?

답. 신자들의 영혼은 그 죽음의 때에 완전히 거룩하게 되어, 즉시 영광 중으로 들어
가고, 또한 신자들의 몸은 여전히 그리스도께 연합되어, 부활 때까지 그들의 무
덤에서 쉽니다.

제37문.

답.

제37문.

답.

Q 37. What benefits do believers receive from Christ at death?

A. The souls of believers are at their death made perfect in holiness, and do immediately
passe into glory, and their bodies being still united to Christ, do rest in their graves,
till the resurrection.

Q 37.

A.

제38문 요약
부활의 날에 신자들은 영광 중에 일으킴을 받고(영화),
심판대에서 공개적으로 무죄선고가 확인된다. 또한
하나님을 온전히 즐거워하면서 완전하게 복을 받는다.

제38문. 부활의 때에 신자들은 그리스도로부터 무슨 은덕을 받습니까?

답. 부활의 때에, 신자들은 영광 중에 일으킴을 받아, 심판 날에 공개적으로 인정받고
무죄선고를 받으며, 또한 영원무궁토록 하나님을 온전히 즐거워하면서 완전하게
복을 받게 됩니다.

제38문.

답.

제38문.

답.

Q 38. What benefits do believers receive from Christ at the resurrection?

A. At the resurrection, believers being raised up in glory, shall be openly acknowledged,
and acquitted in the day of judgement, and made perfectly blessed in full enjoying of
God, to all eternity.

Q 38.

A.

제39문 요약
하나님이 요구하시는 의무는
계시된 뜻에 사람이 순종하는 것이다.

제39문. 하나님께서 사람에게 요구하시는 의무가 무엇입니까?

답. 하나님께서 사람에게 요구하시는 의무는, 그분의 계시된 뜻에 순종하는 것입니다.

제39문.

답.

제39문.

답.

Q 39. What is the duty which God requireth of man?

A. The duty which God requireth of man, is obedience to his revealed will.

Q 39.

A.

 제40문 요약
하나님은 순종의 법칙으로
도덕법을 처음에 계시하셨다.

제40문. 하나님께서 순종의 법칙으로 사람에게 처음에 무엇을 계시하셨습니까?

답. 하나님께서 순종을 위해 사람에게 처음에 계시하신 법칙은 도덕법이었습니다.

제40문.

답.

제40문.

답.

Q 40. What did God at first reveal to man for the rule of his obedience?

A. The rule which God at first revealed to man for his obedience, was the Moral Law.

Q 40.

A.

 제41문 요약
도덕법은 십계명에 요약되어 있다.

제41문. 도덕법이 어디에 요약적으로 들어 있습니까?

답. 도덕법은 십계명 안에 요약적으로 들어 있습니다.

제41문.

답.

제41문.

답.

Q 41. Where is the Moral Law summarily comprehended?

A. The Moral Law is summarily comprehended in the Ten Commandments.

Q 41.

A.

Q42

제42문. 십계명의 요지(要旨)가 무엇입니까?

답. 십계명의 요지는, 우리의 마음을 다하고, 우리의 영혼을 다하고, 우리의 힘을 다하고, 우리의 뜻을 다하여 주 우리 하나님을 사랑하는 것과, 또한 우리의 이웃을 우리 자신처럼 사랑하는 것입니다.

제42문.

답.

제42문.

답.

Q 42. What is the sum of the Ten Commandments?

A. The sum of the ten Commandments is, To love the Lord our God with all our heart, with all our soul, with all our strength, and with all our mind; and our neighbour as our selves.

Q 42.

A.

제43문. 십계명의 서문이 무엇입니까?

답. 십계명의 서문은 이 말씀에 있습니다. "나는 너를 애굽 땅, 종 되었던 집에서 인도하여 낸 네 하나님 여호와니라."

제43문.

답.

제43문.

답.

Q 43. What is the preface to the ten Commandments?

A. The preface to the ten Commandments is in these words [*I am the Lord thy God which have brought thee out of the land of Egypt, and out of the house of bondage.*]

Q 43.

A.

제44문 요약
십계명의 서문은 하나님이 우리의 구속자이므로
우리가 그분의 모든 계명을 지켜야 한다고 가르친다.

제44문. 십계명의 서문이 우리에게 무엇을 가르칩니까?

답. 십계명의 서문은, 하나님께서 주님이시고 우리의 하나님이시며 구속자이시므로,
우리가 마땅히 그분의 모든 계명을 지켜야 한다는 것을 우리에게 가르칩니다.

제44문.

답.

제44문.

답.

Q 44. What doth the Preface to the ten Commandments teach us?

A. The Preface to the ten Commandments teacheth us, that because God is the
Lord, and our God, and Redeemer; therefore we are bound to keep all his
Commandments.

Q 44.

A.

제45문 요약
1계명은 출애굽기 20장 3절이다.

제45문. 제1계명이 어느 것입니까?

답. 제1계명은 "너는 내 앞에* 다른 신들을 네게 두지 말라"입니다.

제45문.

답.

제45문.

답.

Q45. Which is the first Commandment?

A. The first Commandment is, [*Thou shalt have no other Gods before me.*]

Q 45.

A.

---

* 성경전서 개역개정판에는 "나 외에는"이라고 번역되어 있다.

제46문 요약
1계명의 요구는 우리가 하나님을 알고 인정하며,
합당하게 예배하고 영화롭게 하는 것이다.

제46문. 제1계명이 무엇을 요구합니까?

답. 제1계명은 우리가 하나님을 유일하신 참 하나님이자, 우리의 하나님으로, 알고
인정할 것과, 또 그분을 합당하게 예배하고 영화롭게 할 것을 요구합니다.

제46문.

답.

제46문.

답.

Q 46. What is required in the first Commandment?

A. The first Commandment requireth us to know, and acknowledge God to be the only
true God, and our God, and to worship and glorifie him accordingly.

Q 46.

A.

제47문 요약
1계명의 금기는 우리가 하나님을 예배하지 않고 영화롭게 하지 않는 것과, 그 예배와 영광을 다른 자에게 드리는 것이다.

제47문. 제1계명이 무엇을 금지합니까?

답. 제1계명은 하나님을 부인하는 것, 즉 참되신 하나님을 하나님으로, 또 우리의 하나님으로 예배하지 않고 영화롭게 하지 않는 것을 금지하며, 또한 그분께만 마땅한 그 예배와 영광을 다른 자에게 드리는 것을 금지합니다.

제47문.

답.

제47문.

답.

Q 47. What is forbidden in the first Commandment?

A. The first Commandment forbiddeth the denying, or not worshipping and glorifying the true God, as God, and our God, and the giving that worship and glory to any other which is due to him alone.

Q47.

A.

제48문 요약

"내 앞에"(나 외에는)라는 말씀은
우리가 다른 신을 두는 죄를 주목하시고
노여워하신다는 것을 가르친다.

제48문. 제1계명에서 "내 앞에"라는 말씀이 우리에게 무엇을 특히 가르칩니까?

답. 제1계명에서 "내 앞에"라는 말씀은, 만물을 보시는 하나님께서, 우리가 다른 어떤 신을 그분 앞에 두는 죄를 주목하시고, 매우 노여워하신다는 것을 우리에게 가르칩니다.

제48문.

답.

_____

_____

_____

제48문.

답.

_____

_____

_____

Q 48. What are we especially taught by these words [*before me*] in the first Commandment?

A. These words, *before me*, in the first Commandment, teach us, that God who seeth all things, taketh notice of, and is much displeased with, the sin of having any other God.

Q 48.

A.

_____

_____

_____

제49문. 제2계명이 어느 것입니까?

답. 제2계명은 다음과 같습니다. "너를 위하여 새긴 우상을 만들지 말고, 또 위로 하늘에 있는 것이나 아래로 땅에 있는 것이나 땅 아래 물 속에 있는 것의 어떤 형상도 만들지 말며, 그것들에게 절하지 말며, 그것들을 섬기지 말라. 나 네 하나님 여호와는 질투하는 하나님인즉, 나를 미워하는 자의 죄를 갚되, 아버지로부터 아들에게로 삼사 대까지 이르게 하거니와, 나를 사랑하고 내 계명을 지키는 자에게는 천 대까지 은혜를 베푸느니라."

제49문.

답.

제49문.

답.

Q 49. Which is the second Commandment?

A. The second Commandment is, [*Thou shalt not make unto thee any graven image, or any likeness of any thing that is in heaven above, or that is in the earth beneath, or that is in the water under the earth; thou shalt not bow down to them, nor serve them: for I the Lord thy God am a jealous God, visiting the iniquity of the fathers upon the children, unto the third and fourth generation of them that hate me; and shewing mercy unto thousands of them that love me, and keep my Commandments.*

Q 49.

A.

제50문 요약
2계명의 요구는 말씀에 지정된 대로
우리가 예배와 규례를 받아들이고 지키는 것이다.

제50문. 제2계명이 무엇을 요구합니까?

답. 제2계명은 하나님께서 자신의 말씀에 지정하신 대로 모든 종교적 예배와 규례(規例)들을, 순전하고 온전하게 받아들이고 준수하면서 지킬 것을 요구합니다.

제50문.

답.

제50문.

답.

Q 50. What is required in the second Commandment?

A. The second Commandment requireth, the receiving, observing, and keeping pure and entire, all such religious worship and Ordinances as God hath appointed in his word.

Q 50.

A.

제51문 요약
2계명의 금기는 우리가 하나님을 형상으로
예배하거나 말씀에 지정되지 않은 방법으로
예배하는 것이다.

제51문. 제2계명이 무엇을 금지합니까?

답. 제2계명은 하나님을 형상으로 예배하거나, 그분의 말씀에 지정되지 않은 다른 어떤 방법으로 예배하는 것을 금지합니다.

제51문.

답.

제51문.

답.

Q 51. What is forbidden in the second Commandment?

A. The second Commandment forbiddeth the worshipping of God by images, or any other way, not appointed in his word.

Q 51.

A.

제52문 요약
2계명을 지키는 이유는 하나님이 고유한 주권으로
우리를 다스리시고 예배에 열심을 가지시기 때문이다.

제52문. 제2계명에 덧붙여진 이치가 무엇입니까?

답. 제2계명에 덧붙여진 이치는 우리를 다스리시는 하나님의 주권과, 우리 가운데 그
분의 고유한 지위와, 또 하나님께서 하나님 자신의 예배에 가지시는 열심입니다.

제52문.

답.

제52문.

답.

Q 52. What are the Reasons annexed to the second Commandment?

A. The Reasons annexed to the second Commandment are, Gods soveraignty over us,
his propriety in us, and the zeal he hath to his own worship.

Q 52.

A.

Q53

제53문 요약

3계명은 출애굽기 20장 7절이다.

제53문. 제3계명이 어느 것입니까?

답. 제3계명은 다음과 같습니다. "너는 네 하나님 여호와의 이름을 망령(妄靈)되게 부르지 말라. 여호와는 그의 이름을 망령되게 부르는 자를 죄 없다 하지 아니하리라."

제53문.

답.

제53문.

답.

Q 53. Which is the third Commandment?

A. The third Commandment is, [*Thou shalt not take the name of the Lord thy God in vain: for the Lord will not hold him guiltless that taketh his name in vain.*]

Q 53.

A.

제54문 요약
3계명의 요구는 우리가 하나님의 이름을
거룩하고 경건하게 사용하는 것이다.

제54문. 제3계명이 무엇을 요구합니까?

답. 제3계명은 하나님의 이름과 칭호와 속성과 규례와 말씀과 사역을, 거룩하고 경건하게 사용할 것을 요구합니다.

제54문.

답.

제54문.

답.

Q 54. What is required in the third Commandment?

A. The third Commandment requireth the holy and reverent use of Gods Names, Titles, Attributes, Ordinances, Word, and Works.

Q 54.

A.

제55문 요약
3계명의 금기는 우리가 하나님의 이름을
모독하거나 악용하는 것이다.

제55문. 제3계명이 무엇을 금지합니까?

답. 제3계명은 하나님께서 자신을 알리시는 어떤 것에 대해 모독하거나 악용하는 것을 모두 금지합니다..

제55문.

답.

제55문.

답.

Q 55. What is forbidden in the third Commandment?

A. The third Commandment forbiddeth all profaning or abusing of any thing whereby God maketh himself known.

Q 55.

A.

제56문 요약
3계명을 지키는 이유는 우리가 사람의 처벌은 피해도 하나님의 의로운 심판을 피할 수 없기 때문이다.

제56문. 제3계명에 덧붙여진 이치가 무엇입니까?

답. 제3계명에 덧붙여진 이치는, 이 계명을 어기는 자들이 비록 사람의 처벌은 피할지라도, 주 우리 하나님께서 자신의 의로운 심판을 그들이 피하도록 내버려 두지 않으신다는 것입니다.

제56문.

답.

제56문.

답.

Q 56. What is the Reason annexed to the third Commandment?

A. The Reason annexed to the third Commandment is, that however the breakers of this Commandment may escape punishment from men, yet the Lord our God will not suffer them to escape his righteous judgement.

Q 56.

A.

제57문 요약
4계명은 출애굽기 20장 8-11절이다.

제57문. 제4계명이 어느 것입니까?

답. 제4계명은 다음과 같습니다. "안식일을 기억하여 거룩하게 지키라. 엿새 동안은 힘써 네 모든 일을 행할 것이나, 일곱째 날은 네 하나님 여호와의 안식일인즉, 너나 네 아들이나 네 딸이나 네 남종이나 네 여종이나 네 가축이나 네 문안에 머무는 객이라도 아무 일도 하지 말라. 이는 엿새 동안에 나 여호와가 하늘과 땅과 바다와 그 가운데 모든 것을 만들고 일곱째 날에 쉬었음이라. 그러므로 나 여호와가 안식일을 복되게 하여 그 날을 거룩하게 하였느니라."

제57문.

답.

제57문.

답.

Q 57. Which is the fourth Commandment?

A. The fourth Commandment is, [*Remember the Sabbath day to keep it holy: six days shalt thou labour, and do all thy work: but the seventh day is the Sabbath of the Lord thy God: in it thou shalt not do any work, thou, nor thy son, nor thy daughter, thy man-servant, nor thy maid-servant, nor thy cattel, nor thy stranger that is within thy gates: for in six days the Lord made heaven and earth, the sea, and all that in them is, and rested the seventh day; wherefore the Lord blessed the Sabbath day, and hallowed it.*]

Q 57.

A.

Q 57.

A.

제58문 요약
4계명의 요구는 우리가 7일 중에
온전한 하루를 여호와 하나님께 거룩한 안식일로
지키는 것이다.

제58문. 제4계명이 무엇을 요구합니까?

답. 제4계명은 하나님께서 자신의 말씀에 지정하신 규정된 때를, 하나님께 거룩하게
지킬 것을 요구하는데, 특별히 칠일 중에 온전한 하루를, 주님께 거룩한 안식일로
지킬 것을 요구합니다.

제58문.

답.

_____

_____

제58문.

답.

_____

_____

Q 58. What is required in the fourth Commandment?

A. The fourth Commandment requireth the keeping holy to God, such set times as he
hath appointed in his Word; expresly, one whole day in seven, to be a holy Sabbath
unto the Lord.

Q 58.

A.

_____

_____

제59문 요약

창조 때부터 그리스도의 부활 때까지는 하나님이 일곱째 날을 매주 안식일로 지정하셨다. 그 후로는 매주 첫째 날을 세상 끝 날까지 그리스도인의 안식일이 되게 하셨다.

제59문. 칠일 중 어느 날을 하나님께서 매주의 안식일로 지정하셨습니까?

답. 세상의 시작 때부터 그리스도의 부활 때까지는, 하나님께서 한 주간의 일곱째 날을 매주의 안식일로 지정하셨습니다. 그 후로는 한 주간의 첫째 날을 세상의 끝 날까지 계속되게 하셨는데, 이것이 그리스도인의 안식일입니다.

제59문.

답.

_____

_____

제59문.

답.

_____

_____

Q 59. Which day of the seven hath God appointed to be the weekly Sabbath?

A. From the beginning of the world to the Resurrection of Christ, God appointed the seventh day of the week to be the weekly Sabbath, and the first day of the week, ever since, to continue to the end of the world, which is the Christian Sabbath.

Q 59.

A.

_____

_____

제60문 요약
안식일이 거룩해지려면, 우리가 세상 일에서 떠나 그날 온종일 거룩하게 쉬어야 한다. 또 불가피한 일을 제외하고는 모든 시간을 예배하는 일에 힘써야 한다.

제60문. 어떻게 해야 안식일이 거룩하게 됩니까?

답. 안식일은 다른 날에 적합한 세상의 일과 오락에서 떠나, 그날 온종일 성(聖)스럽게 쉼으로써 거룩하게 됩니다. 또한 그날 모든 시간을 공적으로나 사적으로 하나님을 예배하는 일에 보내야 합니다. 다만 불가피한 일과 자비를 행하는 일에 보내는 시간은 예외로 할 수 있습니다.

제60문.

답.

제60문.

답.

Q 60. How is the Sabbath to be sanctified?

A. The Sabbath is to be sanctified, by an holy resting all that day, even from such worldly imployments and recreations, as are lawful on other days, and spending the whole time in the publick and private exercises of Gods worship, except so much as is to be taken up in the works of necessity and mercy.

Q 60.

A.

Q 60.

A.

Q61

제61문 요약

4계명의 금기는 우리에게 요구된 의무를
소홀히 행하거나 부주의하게 실천하는 것이다.
또한 나태함과 죄악 된 일, 불필요한 생각과 말과
행위로 그날을 모독하는 것이다.

제61문. 제4계명이 금지하는 죄가 무엇입니까?

답. 제4계명은 요구된 의무를 소홀히 행하거나 부주의하게 이행하는 것과, 나태함으로 그날을 모독하는 것을 금지하며, 또는 그 자체로 죄악 된 일을 행하는 것이나, 우리의 세상 일이나 오락에 관한 불필요한 생각과 말이나 행위로써 그날을 모독하는 것을 금지합니다.

제61문.

답.

제61문.

답.

Q 61. What are the sins forbidden in the fourth Commandment?

A. The fourth Commandment forbiddeth the omission or careless performance of the duties required, and the profaning the day by idleness, or doing that which is in it self sinful, or by unnecessary thoughts, words, or works about our worldly imployments or recreations.

Q 61.

A.

Q 61.

A.

Q62

제62문 요약
4계명을 지키는 이유는 우리 일을 위해
6일을 허락하시고, 일곱째 날을 특별하게 여기시며
모범을 보이셔서 복되게 하셨기 때문이다.

제62문. 제4계명에 덧붙여진 이치가 무엇입니까?

답. 제4계명에 덧붙여진 이치는, 하나님께서 우리 자신의 일을 위해 한 주간의 엿새를 우리에게 허락하신 것과, 일곱째 날의 특별한 고유성을 주장하신 것과, 자신이 친히 모범을 보이신 것과, 또 안식일을 복되게 하신 것입니다.

제62문.

답.

_____

_____

제62문.

답.

_____

_____

_____

Q 62. What are the Reasons annexed to the fourth Commandment?

A. The Reasons annexed to the fourth Commandment are, Gods allowing us six dayes of the week for our own imployment, his challenging a special property in the seventh, his own example, and his blessing the Sabbath day.

Q 62.

A.

_____

_____

제63문 요약
5계명은 출애굽기 20장 12절이다.

제63문. 제5계명이 어느 것입니까?

답. 제5계명은 다음과 같습니다. "네 부모를 공경하라. 그리하면 네 하나님 여호와가 네게 준 땅에서 네 생명이 길리라."

제63문.

답.

제63문.

답.

Q 63. Which is the fifth Commandment?

A. The fifth Commandment is, [*Honour thy father and thy mother that thy dayes may be long upon the land which the Lord thy God giveth thee.*]

Q 63.

A.

제64문 요약
5계명의 요구는 우리가 윗사람뿐만 아니라
모든 사람의 명예를 보존하고
그들에게 의무를 다하는 것이다.

제64문. 제5계명이 무엇을 요구합니까?

답. 제5계명은 윗사람과 아랫사람 또는 동료 간에, 여러 지위와 관계에 있는 모든 자에게 속한 명예를 보존하고, 그들에게 의무를 이행할 것을 요구합니다.

제64문.

답.

제64문.

답.

Q 64. What is required in the fifth Commandment?

A. The fifth Commandment requireth the preserving the honour, and performing the duties belonging to every one in their several places and relations, as superiors, inferiors, or equals.

Q 64.

A.

제65문 요약
5계명의 금기는 우리가 윗사람뿐만 아니라
모든 사람의 명예를 무시하거나 거스르는 것이다.

제65문. 제5계명이 무엇을 금지합니까?

답. 제5계명은 여러 지위와 관계에 있는 모든 자에게 속한 명예와 의무를 무시하는 것
이나, 거스르는 어떤 일을 행하는 것을 금지합니다.

제65문.

답.

제65문.

답.

Q 65. What is forbidden in the fifth Commandment?

A. The fifth Commandment forbiddeth the neglecting of, or doing any thing against the
honour and duty which belongeth to every one in their several places and relations.

Q 65.

A.

제66문 요약
5계명을 지키는 이유는
우리에게 장수와 번영을 약속하셨기 때문이다.

제66문. 제5계명에 덧붙여진 이치가 무엇입니까?

답. 제5계명에 덧붙여진 이치는, 이 계명을 지키는 모든 자들에게 (하나님의 영광과 그들 자신의 선에 공헌하는 한), 장수와 번영의 약속을 주신 것입니다.

제66문.

답.

제66문.

답.

Q 66. What is the Reason annexed to the fifth Commandment?

A. The Reason annexed to the fifth Commandment, is a promise of long life and prosperity, (as far as it shall serve for Gods glory, and their own good) to all such as keep this Commandment.

Q 66.

A.

 제67문 요약
6계명은 출애굽기 20장 13절이다.

제67문. 제6계명이 어느 것입니까?

답. 제6계명은 "살인하지 말라"입니다.

제67문.

답.

제67문.

답.

Q 67. Which is the sixth Commandment?

A. The sixth Commandment is, [*Thou shalt not kill*.]

Q 67.

A.

제68문 요약
6계명의 요구는 합법적으로
자신과 이웃의 생명을 보존하는 것이다.

제68문. 제6계명이 무엇을 요구합니까?

답. 제6계명은 우리 자신의 생명과 다른 사람의 생명을 보존하기 위한, 합법적인 모든 노력을 요구합니다.

제68문.

답.

제68문.

답.

Q 68. What is required in the sixth Commandment?

A. The sixth Commandment requireth all lawful endeavours to preserve our own life, and the life of others.

Q 68.

A.

제69문 요약

6계명의 금기는 자신과 이웃의 생명을
불의하게 빼앗거나 그럴 의도를 품는 것이다.

제69문. 제6계명이 무엇을 금지합니까?

답. 제6계명은 우리 자신의 생명이나 우리 이웃의 생명을 불의하게 빼앗거나, 무엇이
든지 그럴 의도를 품는 것을 금지합니다.

제69문.

답.

제69문.

답.

Q 69. What is forbidden in the sixth Commandment?

A. The sixth Commandment forbiddeth the taking away of our own life, or the life of
our neighbour unjustly, or whatsoever tendeth thereunto.

Q 69.

A.

Q70

제70문 요약
7계명은 출애굽기 20장 14절이다.

제70문. 제7계명이 어느 것입니까?

답. 제7계명은 "간음하지 말라"입니다.

제70문.

답.

제70문.

답.

Q 70. Which is the seventh Commandment?

A. The seventh Commandment is, [*Thou shalt not commit adultery*.]

Q 70.

A.

제71문 요약
7계명의 요구는 마음과 말과 행동에서
자신과 이웃의 순결을 보존하는 것이다.

제71문. 제7계명이 무엇을 요구합니까?

답. 제7계명은 마음과 말씨와 행실에서, 우리 자신과 우리 이웃의 순결을 보존할 것을 요구합니다.

제71문.

답.

제71문.

답.

Q 71. What is required in the seventh Commandment?

A. The seventh Commandment requireth the preservation of our own and our neighbours chastity, in heart, speech and behaviour.

Q 71.

A.

Q72

제72문 요약

7계명의 금기는 부정한 생각과 말과 행동이다.

제72문. 제7계명이 무엇을 금지합니까?

답. 제7계명은 부정(不貞)한 모든 생각과 말과 행동을 금지합니다.

제72문.

답.

제72문.

답.

Q 72. What is forbidden in the seventh Commandment?

A. The seventh Commandment forbiddeth all unchaste thoughts, words, and actions.

Q 72.

A.

Q73

제73문 요약
8계명은 출애굽기 20장 15절이다.

제73문. 제8계명이 어느 것입니까?

답. 제8계명은 "도둑질하지 말라"입니다.

제73문.

답.

제73문.

답.

Q 73. Which is the eighth Commandment?

A. The eighth Commandment is, [*Thou shalt not steal.*]

Q 73.

A.

제74문 요약
8계명의 요구는 자신과 이웃의 재산을
합법적으로 축적하는 것이다.

제74문. 제8계명이 무엇을 요구합니까?

답. 제8계명은 우리 자신 및 다른 사람의 부와 재산을, 합법적으로 획득하고 증진할
것을 요구합니다.

제74문.

답.

제74문.

답.

Q 74. What is required in the eighth Commandment?

A. The eighth Commandment requireth the lawful procuring, and furthering the
wealth, and outward estate of our selves, and others.

Q 74.

A.

제75문 요약
8계명의 금기는 자신과 이웃의 재산을
불의하게 저해하거나 그럴 의도를 품는 것이다.

제75문. 제8계명이 무엇을 금지합니까?

답. 제8계명은 우리 자신이나 우리 이웃의 부나 재산을, 불의하게 저해(沮害)하거나 저해하려는 것을 무엇이든지 금지합니다.

제75문.

답.

제75문.

답.

Q 75. What is forbidden in the eighth Commandment?

A. The eighth Commandment forbiddeth whatsoever doth or may unjustly hinder our own, or our neighbours wealth, or outward estate.

Q 75.

A.

Q76

제76문 요약
9계명은 출애굽기 20장 16절이다.

제76문. 제9계명이 어느 것입니까?

답. 제9계명은 "네 이웃에 대하여 거짓 증거하지 말라"입니다.

제76문.

답.

제76문.

답.

Q 76. Which is the ninth Commandment?

A. The ninth Commandment is, [*Thou shalt not bear false witness against thy neighbour.*]

Q 76.

A.

제77문 요약

9계명의 요구는 자신과 이웃 사이에 진실함과 명성을 지키는 것이다. 증언할 때 특히.

제77문. 제9계명이 무엇을 요구합니까?

답. 제9계명은 사람과 사람 사이의 진실함과, 우리 자신과 우리 이웃의 명성을 유지하고 증진하되, 증언을 할 때 특히 그렇게 할 것을 요구합니다.

제77문.

답.

제77문.

답.

Q 77. What is required in the ninth Commandment?

A. The ninth Commandment requireth the maintaining and promoting of truth between man and man, and of our own, and of our neighbours good names, especially in witness—bearing.

Q 77.

A.

제78문 요약
9계명의 금기는 진실을 왜곡하거나
자신과 이웃의 명성을 모욕하는 것이다.

제78문. 제9계명이 무엇을 금지합니까?

답. 제9계명은 무엇이든지 진실을 왜곡하는 것이나, 우리 자신이나 우리 이웃의 명성을 모욕하는 것을 금지합니다.

제78문.

답.

제78문.

답.

Q 78. What is forbidden in the ninth Commandment?

A. The ninth Commandment forbiddeth whatsoever is prejudicial to truth, or injurious to our own or our neighbours good name.

Q 78.

A.

 제79문 요약
10계명은 출애굽기 20장 17절이다.

제79문. 제10계명이 어느 것입니까?

답. 제10계명은 다음과 같습니다. "네 이웃의 집을 탐내지 말라. 네 이웃의 아내나 그의 남종이나 그의 여종이나 그의 소나 그의 나귀나, 무릇 네 이웃의 소유를 탐내지 말라."

제79문.

답.

제79문.

답.

Q 79. Which is the tenth Commandment?

A. The tenth Commandment is, [*Thou shalt not covet thy neighbours house, thou shalt not covet thy neighbours wife, nor his man-servant, nor his maid-servant, nor his ox, nor his ass, nor any thing that is thy neighbours.*]

Q 79.

A.

제80문 요약
10계명의 요구는 이웃의 소유에 바른 마음을 품고
자신의 형편에 만족하는 것이다.

제80문. 제10계명이 무엇을 요구합니까?

답. 제10계명은 우리 이웃과 그의 모든 소유에 대해 올바르고 자애로운 마음씨를 가지고, 우리 자신의 형편에 온전히 만족할 것을 요구합니다.

제80문.

답.

제80문.

답.

Q 80. What is required in the tenth Commandment?

A. The tenth Commandment requireth full contentment with our own condition, with a right and charitable frame of spirit toward our neighbour, and all that is his.

Q 80.

A.

제81문 요약
10계명의 금기는 이웃을 시기하며
자신의 재산에 불만을 품고 이웃의 소유에
애착을 가지는 것이다.

제81문. 제10계명이 무엇을 금지합니까?

답. 제10계명은 우리 이웃의 좋은 일을 시기하거나 한탄하면서, 우리 자신의 재산에 어떤 불만을 품는 것과, 또 이웃의 어떤 소유에 과도한 충동이나 애착을 가지는 것을 모두 금지합니다.

제81문.

답.

_____

_____

_____

제81문.

답.

_____

_____

_____

Q 81. What is forbidden in the tenth Commandment?

A. The tenth Commandment forbiddeth all discontentment with our own estate, envying or grieving at the good of our neighbour, and all inordinate motions and affections to any thing that is his.

Q 81.

A.

_____

_____

_____

제82문 요약
타락 이후로는 그 누구도 하나님의 계명을
완전하게 지킬 수 없고, 날마다 계명을 어긴다.

제82문. 혹시 사람이 하나님의 계명을 완전하게 지킬 수 있습니까?

답. 어떠한 사람도 타락 이후로는, 이 세상 삶에서 하나님의 계명을 완전하게 지킬 수 없고, 오히려 생각과 말과 행위로 날마다 계명을 어깁니다.

제82문.

답.

제82문.

답.

Q 82. Is any man able perfectly to keep the Commandments of God?

A. No meer man since the fall, is able in this life, perfectly to keep the Commandments of God, but doth daily break them in thought, word, and deed.

Q 82.

A.

 제83문 요약
율법을 어기는 모든 범죄가 동등한 것은 아니다.
어떤 죄들은 하나님 보시기에 더 가증하다.

제83문. 율법을 거스르는 모든 범죄가 동등하게 가증합니까?

답. 어떤 죄들은 그 자체로서, 또 악화시키는 여러 요소들 때문에, 하나님이 보시기에 다른 죄들보다 더 가증합니다.

제83문.

답.

___

제83문.

답.

___

Q 83. Are all transgressions of the Law equally hainous?

A. Some sins in themselves, and by reason of several aggravations, are more hainous in the sight of God than others.

Q 83.

A.

___

 제84문 요약
모든 죄는 이 세상과 오는 세상에서
반드시 하나님의 진노와 저주를 받는다.

제84문. 모든 죄마다 무슨 보응을 받아야 마땅합니까?

답. 모든 죄마다 이 세상과 오는 세상 모두에서, 하나님의 진노와 저주를 받아야 마땅
합니다.

제84문.

답.

제84문.

답.

Q 84. What doth every sin deserve?

A. Every sin deserveth Gods wrath, and curse, both in this life, and that which is to
come.

Q 84.

A.

제85문 요약

하나님의 진노와 저주를 피하게 하시려고
우리에게 예수님을 향한 '믿음'과
생명에 이르는 '회개'를 요구하신다.
그리스도가 구속의 은혜를 전달하시는 방편들을
부지런히 사용해야 한다.

제85문. 죄 때문에 우리에게 마땅한, 하나님의 진노와 저주를 피하게 하시려고, 하나님께서 우리에게 무엇을 요구하십니까?

답. 죄 때문에 우리에게 마땅한, 하나님의 진노와 저주를 피하게 하시려고, 하나님께서는 우리에게 예수 그리스도를 향한 믿음과, 생명에 이르는 회개를 요구하십니다. 이 일을 위해, 그리스도께서 우리에게 구속의 은덕을 전달하시는 모든 외적 방편들을 부지런히 사용해야 합니다.

제85문.

답.

제85문.

답.

Q 85. What doth God require of us that we may escape his wrath and curse, due to us for sin?

A. To escape the wrath and curse of God due to us for sin, God requireth of us Faith in Jesus Christ, repentance unto life, with the diligent use of all the outward means, whereby Christ communicateth to us the benefits of Redemption.

Q 85.

A.

Q 85.

A.

제86문 요약
예수님을 향한 믿음이란,
우리가 예수님만을 받고 의지하는
구원의 은혜이다.

제86문. 예수 그리스도를 향한 믿음이 무엇입니까?

답. 예수 그리스도를 향한 믿음은 구원하는 은혜인데, 복음 안에서 그분이 우리에게
제시된 대로, 구원을 위해 우리가 예수 그리스도만을 받고 의지하는 것입니다.

제86문.

답.

제86문.

답.

Q 86. What is Faith in Jesus Christ?

A. Faith in Jesus Christ is a saving grace, whereby we receive, and rest upon him alone
for salvation, as he is offered to us in the Gospel.

Q 86.

A.

Q87

제87문. 생명에 이르는 회개가 무엇입니까?

답. 생명에 이르는 회개는 구원하는 은혜인데, 죄인이 자기 죄를 참되게 깨달아 그리스도 안에 있는 하나님의 자비를 이해하여, 자기 죄를 괴로워하고 증오함으로써, 새로운 순종을 온전한 목적으로 삼고 힘써 추구하며, 죄에서 떠나 하나님께로 돌이키는 것입니다.

제87문.

답.

제87문.

답.

Q 87. What is repentance unto life?

A. Repentance unto life is a saving grace, whereby a sinner out of a true sense of his sin, and apprehension of the mercy of God in Christ, doth with grief and hatred of his sin, turn from it unto God, with full purpose of, and endeavour after new obedience.

Q 87.

A.

Q 87.

A.

제88문 요약

그리스도가 구속의 은혜를 전달하시는 방편은 말씀과 성례와 기도인데, 구원 받기로 선택된 자들에게 효력 있는 방편이다.

제88문. 그리스도께서 우리에게 구속의 은덕을 전달하시는 외적 방편이 무엇입니까?

답. 그리스도께서 우리에게 구속의 은덕을 전달하시는 외적이고 일반적인 방편은 그분의 규례들, 특히 말씀과 성례와 기도입니다. 이 모든 것은 구원을 위해 선택된 자들에게 효력 있게 되는 방편입니다.

제88문.

답.

제88문.

답.

Q 88. What are the outward means whereby Christ communicateth to us the benefits of Redemption?

A. The outward and ordinary means whereby Christ communicateth to us the benefits of Redemption, are his Ordinances, especially the Word, Sacraments and prayer, all which are made effectual to the Elect, for salvation.

Q 88.

A.

104 웨스트민스터 소요리문답 이해 쓰기

제89문 요약

말씀을 읽고 설교하는 것을 성령께서
구원의 효력 있는 방편으로 삼으신다.
말씀은 죄인들을 돌이키게 하여,
믿음으로 구원에 이르도록 그들을 굳게 세운다.

제89문. 어떻게 말씀이 구원에 효력 있게 됩니까?

답. 하나님의 성령께서 말씀을 읽는 것, 특히 말씀을 설교하는 것을 구원에 효력 있는 방편으로 삼으십니다. 이것은 죄인들을 깨닫게 하고 돌이키게 하며, 또한 믿음을 통해 구원에 이르도록, 거룩함과 위로 가운데 그들을 굳게 세우는 방편입니다.

제89문.

답.

제89문.

답.

Q 89. How is the word made effectual to salvation?

A. The Spirit of God maketh the reading, but especially the preaching of the Word, an effectual means of convincing and converting sinners, and of building them up in holiness and comfort, through faith unto salvation.

Q 89.

A.

Q90

제90문 요약

말씀이 효력 있게 되려면, 부지런히 준비하고
기도하며 말씀에 경청해야 한다.
또한 믿음으로 말씀을 받고 마음에 간직하면서
삶 속에 실천해야 한다.

제90문. 말씀이 구원에 효력 있게 되려면, 어떻게 말씀을 읽고 들어야 합니까?

답. 말씀이 구원에 효력 있게 되려면, 우리가 부지런함과 준비와 기도로써 말씀에 경청해야 합니다. 또한 믿음과 사랑으로 말씀을 받고, 우리 마음에 말씀을 간직하면서, 우리 삶 가운데 말씀을 실천해야 합니다.

제90문.

답.

제90문.

답.

Q 90. How is the Word to be read and heard, that it may become effectual to salvation?

A. That the Word may become effectual to salvation, we must attend thereunto with diligence, preparation, and prayer, receive it with faith and love, lay it up in our hearts, and practise it in our lives.

Q 90.

A.

제91문 요약
성례가 구원의 효력 있는 방편이 되는 것은 오직 그리스도의 복 주심과 성령의 역사하심 때문이다. 성례 그 자체나 집행자에게 덕이 있어서 그런 것이 아니다.

제91문. 어떻게 성례가 구원의 효력 있는 방편이 됩니까?

답. 성례는 구원의 효력 있는 방편이 되는데, 그 자체에나 그것을 집행하는 사람 안에 어떤 덕이 있어서가 아닙니다. 오직 그리스도께서 복을 주심으로써, 또 믿음으로 성례를 받는 자들 안에 계시는 그분의 성령이 역사하심으로써 효력 있는 방편이 됩니다.

제91문.

답.

제91문.

답.

Q 91. How do the Sacraments become effectual means of salvation?

A. The Sacraments become effectual means of salvation, not from any virtue in them, or in him that doth administer them, but only by the blessing of Christ, and the working of his Spirit in them that by faith receive them.

Q 91.

A.

제92문 요약
성례는 보이는 표식을 가지고
그리스도와 새 언약의 은혜가 신자들에게
적용되는 거룩한 규례이다.

제92문. 성례가 무엇입니까?

답. 성례는 그리스도에 의해 제정된 거룩한 규례인데, 지각할 수 있는 표식(表式)으로써, 그리스도와 새 언약의 은덕이, 신자들에게 나타나고 인쳐지며 적용되는 것입니다.

제92문.

답.

제92문.

답.

Q 92. What is a Sacrament?

A. A Sacrament is an holy Ordinance instituted by Christ; wherein, by sensible signs, Christ and the benefits of the new Covenant are represented, sealed and applied to believers.

Q 92.

A.

제93문 요약
신약의 성례는 세례와 성찬이다.

제93문. 신약의 성례가 어느 것입니까?

답. 신약의 성례는 세례와 성찬입니다.

제93문.

답.

제93문.

답.

Q 93. Which are the Sacraments of the New Testament?

A. The Sacraments of the New Testament are Baptisme, and the Lords Supper.

Q 93.

A.

Q94

제94문 요약
세례는 성부와 성자와 성령의 이름으로
물 씻음을 통해, 우리가 그리스도 안으로
접붙여짐을 표시하고 인치는 것이다.

제94문. 세례가 무엇입니까?

답. 세례는 성부와 성자와 성령의 이름으로 물로 씻는 성례인데, 우리가 그리스도 안으로 접붙여짐과, 은혜 언약의 은덕에 참여함과, 또 주님의 소유가 되려는 우리의 서약을 표시하고 인치는 것입니다.

제94문.

답.

제94문.

답.

Q 94. What is Baptisme?

A. Baptisme is a Sacrament wherein the washing with Water, in the name of the Father, and of the Son, and of the Holy Ghost, doth signifie and seal our ingrafting into Christ, and partaking of the benefits of the Covenant of Grace, and our engagement to be the Lords.

Q 94.

A.

제95문 요약

그리스도를 향한 믿음과 순종을 고백하기 전에는 아무에게도 세례를 집행해서는 안 된다. 하지만 교인의 유아들은 세례를 받아야 한다.

제95문. 누구에게 세례가 집행되어야 합니까?

답. 세례는 그리스도를 향한 믿음과 그분께 대한 순종을 고백하기 전까지, 보이는 교회 밖에 있는 어떤 사람에게도 집행되어서는 안 됩니다. 그러나 보이는 교회에 속한 회원의 유아들은 세례를 받아야 합니다.

제95문.

답.

제95문.

답.

Q 95. To whom is Baptisme to be administred?

A. Baptisme is not to be administred to any that are out of the visible Church, till they profess their faith in Christ, and obedience to him, but the infants of such as are members of the visible Church are to be baptized.

Q 95.

A.

제96문 요약

성찬은 빵과 포도주를 주고받으며
그리스도의 죽으심을 나타내 보이는 성례이다.
성찬을 합당하게 받으면, 오직 믿음으로
그분의 몸과 피에 참여하고 은혜 가운데 성장하게 된다.

제96문. 성찬이 무엇입니까?

답. 성찬은 그리스도의 지정하심에 따라 빵과 포도주를 주고받음으로써, 그분의 죽으심을 나타내 보이는 성례입니다. 그리고 성찬을 합당하게 받는 자는, 육체적이고 육욕적인 방식이 아닌, 오직 믿음으로 그리스도의 몸과 피에 참여하게 되는데, 그분의 모든 은덕과 함께 영적 양식을 받아, 은혜 가운데 성장하게 됩니다.

제96문.

답.

제96문.

답.

Q 96. What is the Lords Supper?

A. The Lords Supper is a Sacrament, wherein, by giving and receiving Bread and Wine according to Christs appointment, his death is shewed forth; and the worthy receivers are, not after a corporal and carnal manner, but by faith, made partakers of his body and Blood, with all his benefits to their spiritual nourishment, and growth in grace.

Q 96.

A.

Q 96.

A.

제97문 요약
성찬을 합당하게 받으려면,
주의 몸을 분별하는 지식과 그분을 양식으로 삼는
믿음이 있어야 한다. 그렇지 않으면
자신에게 임할 심판을 먹고 마시게 된다.

제97문. 성찬을 합당하게 받기 위해 무엇이 요구됩니까?

답. 성찬에 합당하게 참여하려는 자에게 요구되는 것은, 주님의 몸을 분별하는 자신의 지식과, 주님을 양식으로 삼는 자신의 믿음과, 또 자신의 회개와 사랑과 새로운 순종이 있는지를 스스로 살피는 일입니다. 그렇지 않으면 합당하지 않게 나아와서, 자신에게 임할 심판을 먹고 마시게 됩니다.

제97문.

답.

제97문.

답.

Q 97. What is required to the worthy receiving of the Lords Supper?

A. It is required of them that would worthily partake of the Lords Supper, that they examine themselves, of their knowledge to discern the Lords body, of their faith to feed upon him, of their repentance, love, and new obedience, lest coming unworthily, they eat and drink judgement to themselves.

Q 97.

A.

Q 97.

A.

제98문 요약

기도는 하나님의 뜻에 맞게 우리의 소원을
그리스도의 이름으로 하나님께 아뢰는 것이다.
죄 고백과 은혜에 대한 감사를 가지고.

제98문. 기도가 무엇입니까?

답. 기도는 하나님의 뜻에 맞는 것들을 두고, 그리스도의 이름으로 우리의 소원을 하나님께 올려 드리는 것입니다. 우리의 죄를 고백하고, 그분의 자비를 감사하게 인정하면서 그렇게 해야 합니다.

제98문.

답.

제98문.

답.

Q 98. What is Prayer?

A. Prayer is an offering up of our desires unto God, for things agreeable to his will, in the Name of Christ, with confession of our sins, and thankful acknowledgement of his mercies.

Q 98.

A.

제99문 요약

모든 말씀은 우리의 기도를 지도하는 법칙이다. 그러나 특별한 지도 법칙으로 '주기도문'을 우리에게 주셨다.

제99문. 하나님께서 기도에 관해 우리를 지도하시려고 무슨 법칙을 주셨습니까?

답. 하나님의 모든 말씀이 기도에 관해 우리를 지도하시는 데 유용합니다. 그러나 특별한 지도 법칙은, 그리스도께서 자기 제자들에게 가르치신 기도의 한 형태인데, 흔히 '주기도문'이라고 불립니다.

제99문.

답.

_____

_____

_____

제99문.

답.

_____

_____

_____

Q 99. What rule hath God given for our direction in Prayer?

A. The whole word of God is of use to direct us in Prayer, but the special rule of direction is, that form of Prayer, which Christ taught his Disciples, commonly called the *Lords Prayer*.

Q 99.

A.

_____

_____

_____

Q100

제100문 요약
주기도문의 서문(마 6:9b)은 자녀가 아버지에게
나아가듯이 우리가 하나님께 나아가야 하고,
다른 사람들을 위해 기도해야 한다고 가르친다.

제100문. 주기도문의 서문이 우리에게 무엇을 가르칩니까?

답. "하늘에 계신 우리 아버지여"라는 주기도문의 서문은, 언제든지 우리를 도우려는 아버지께 자녀가 나아가듯이, 거룩한 경외심과 확신을 온전히 가지고 하나님께 나아갈 것을 우리에게 가르칩니다. 또한 우리가 다른 사람들과 함께, 그리고 다른 사람들을 위해 기도해야 할 것을 가르칩니다.

제100문.

답.

제100문.

답.

Q 100. What doth the Preface of the Lords Prayer teach us?

A. The Preface of the Lords Prayer, [which is, *Our Father which art in heaven*,] teacheth us, to draw near to God with all holy reverence and confidence, as children to a father ready to help us, and that we should pray with and for others.

Q 100.

A.

Q 100.

A.

제101문 요약

첫째 간구(마 6:9c)는 우리가 함께 하나님의 이름을 영화롭게 하며, 하나님의 영광을 위해 모든 일을 처리해 주시도록 기도하는 것이다.

제101문. 첫 번째 간구에서 우리가 무엇을 위해 기도합니까?

답. "이름이 거룩히 여김을 받으시오며"라는 첫 번째 간구에서 우리는, 하나님께서 자신을 알리시는 모든 일에서, 우리와 함께 다른 사람들이 하나님을 영화롭게 할 수 있도록 기도하며, 또한 하나님께서 하나님 자신의 영광을 위해 모든 일을 처리해 주시도록 기도합니다.

제101문.

답.

제101문.

답.

Q 101. What do we pray for in the first Petition?

A. In the first Petition, [which is, *Hallowed be thy name*,] we pray, that God would enable us and others, to glorifie him in all that whereby he maketh himself known, and that he would dispose all things to his own glory.

Q 101.

A.

Q 101.

A.

Q102

제102문 요약

둘째 간구(마 6:10a)는 사탄의 나라가 망하고 은혜의 나라가 부흥하여 사람들이 거기에 들어오도록 기도하며, 또 영광의 나라가 속히 임하도록 기도하는 것이다.

제102문. 두 번째 간구에서 우리가 무엇을 위해 기도합니까?

답. "나라가 임하시오며"라는 두 번째 간구에서 우리는, 사탄의 나라가 멸망하도록 기도하고, 은혜의 나라가 흥왕(興旺)하여, 우리와 함께 다른 사람들이 거기로 들어가 그곳에 거하게 되도록 기도하며, 또한 영광의 나라가 속히 임하도록 기도합니다.

제102문.

답.

제102문.

답.

Q 102. What do we pray for in the second Petition?

A. In the second Petition, [which is, *Thy Kingdom come*,] we pray, that Satans Kingdom may be destroyed, and that the Kingdom of Grace might be advanced, our selves and others brought into it, and kept in it, and that the Kingdom of glory may be hastened.

Q 102.

A.

Q 102.

A.

제103문 요약
셋째 간구(마 6:10b)는 모든 일에 우리가 천사들처럼 하나님의 뜻을 기꺼이 알고 순종할 수 있도록 기도하는 것이다.

제103문. 세 번째 간구에서 우리가 무엇을 위해 기도합니까?

답. "뜻이 하늘에서 이루어진 것 같이 땅에서도 이루어지이다"라는 세 번째 간구에서 우리는, 하나님께서 모든 일에 우리가 하늘에서 천사들이 하는 것처럼, 그분의 뜻을 기꺼이 알고 순종하며 복종할 수 있게 해 주시도록 기도합니다.

제103문.

답.

_____

_____

_____

제103문.

답.

_____

_____

_____

Q 103. What do we pray for in the third Petition?

A. In the third Petition, [which is, *Thy will be done on earth as it is in heaven*,] we pray, that God would make us able and willing to know, obey, and submit to his will in all things, as the Angels do in heaven.

Q 103.

A.

_____

_____

제104문 요약
넷째 간구(마 6:11)는 우리가 이 세상에서
좋은 것들을 충분하게 받고, 그것들로
하나님의 복을 즐거워하도록 기도하는 것이다.

제104문. 네 번째 간구에서 우리가 무엇을 위해 기도합니까?

답. "오늘 우리에게 일용할 양식을 주시옵고"라는 네 번째 간구에서 우리는, 하나님의 값없는 선물로서, 우리가 이 세상 삶의 좋은 것들을 충분한 분량으로 받도록, 또한 그것들로 인해 하나님의 복을 즐거워하도록 기도합니다.

제104문.

답.

제104문.

답.

Q 104. What do we pray for in the fourth Petition?

A. In the fourth Petition, [which is, *Give us this day our daily bread*,] we pray, that of Gods free gift, we may receive a competent portion of the good things of this life, and enjoy his blessing with them.

Q 104.

A.

Q105

제105문 요약

다섯째 간구(마 6:12)는 하나님이 그리스도를 보시고 우리의 모든 죄를 용서해 주시도록 기도하는 것이다. 담대히 그렇게 하는 이유는 그분의 은혜로 우리가 이웃을 진심으로 용서할 수 있기 때문이다.

제105문. 다섯 번째 간구에서 우리가 무엇을 위해 기도합니까?

답. "우리가 우리에게 죄 지은 자를 사하여 준 것 같이 우리 죄를 사하여 주시옵고"라는 다섯 번째 간구에서 우리는, 하나님께서 그리스도 때문에 우리의 모든 죄를 값없이 사면해 주시기를 기도합니다. 우리가 더욱 담대하게 그것을 구하는 이유는, 그분의 은혜로 우리가 다른 사람들을 진심으로 용서할 수 있게 되었기 때문입니다.

제105문.

답.

제105문.

답.

Q 105. What do we pray for in the fifth Petition?

A. In the fifth Petition, [which is, *and forgive us our debts as we forgive our debtors,*] we pray, that God for Christs sake would freely pardon all our sins, which we are the rather encouraged to ask, because by his grace we are enabled from the heart to forgive others.

Q 105.

A.

Q 105.

A.

Q106

제106문. 여섯 번째 간구에서 우리가 무엇을 위해 기도합니까?

답. "우리를 시험에 들게 하지 마시옵고, 다만 악에서 구하시옵소서"라는 여섯 번째
간구에서 우리는, 하나님께서 우리가 죄에 시험당하지 않도록 지켜 주시기를, 또
는 우리가 시험당할 때 붙들어 주시고 건져 주시기를 기도합니다.

제106문.

답.

제106문.

답.

Q 106. What do we pray for in the sixth Petition?

A. In the sixth Petition, [which is, *And lead us not into temptation, but deliver us from evil,*]
we pray, that God would either keep us from being tempted to sin, or support and
deliver us when we are tempted.

Q 106.

A.

제107문 요약

주기도문의 결론(마 6:13b)은 우리가 기도 중에 오직 하나님께 용기를 얻고 하나님께 영광을 돌리며 찬양할 것을 가르친다. 또한 우리 소원을 들어 주신다는 확신의 고백으로 '아멘'을 덧붙인다.

제107문. 주기도문의 결론이 우리에게 무엇을 가르칩니까?

답. "나라와 권세와 영광이 아버지께 영원히 있사옵나이다 아멘"이라는 주기도문의 결론은, 우리가 오직 하나님께로부터 기도 중에 용기를 얻을 것과, 또한 나라와 권세와 영광을 하나님께 돌리면서, 우리의 기도 중에 하나님을 찬양할 것을 우리에게 가르칩니다. 그리고 우리 소원의 고백으로, 또 들어 주신다는 확신의 고백으로, 우리는 '아멘'이라고 말합니다.

제107문.

답.

_____

_____

_____

_____

제107문.

답.

_____

_____

_____

_____

Q 107. What doth the conclusion of the Lords Prayer teach us?

A. The conclusion of the Lords Prayer, [which is, *For thine is the Kingdom, the power, and the glory for ever, Amen,*] teacheth us to take our incouragement in prayer from God only, and in our prayers to praise him, ascribing Kingdom, power and glory to him: And in testimony of our desire and assurance to be heard, we say, *Amen.*

Q 107.

A.

Q 107.

A.

단어 색인

원문에 나오는 모든 어휘들을 우리말로 어떻게 번역했는가를 정리하였고, 문맥상 부득이한 경우를 제외하고는 원문의 같은 어휘는 동일한 단어로 번역하였다. 참고로, 괄호 안의 숫자는 해당 표현이 나오는 문답을 가리키며, **진하게 표기된 것**은 인용된 개역개정판 구절의 번역을 나타내는 단어이다.

A

a competent portion of ～의 충분한 분량(104)

abuse 악용하다(55)

accept 받아 주다(33)

accepteth(33) = accepts

accompany ～에 수반하다(32,36)

according to ～에 따른(7), ～에 따라(96)

accordingly 합당하게(46)

acknowledge 인정하다(38,46)

acknowledgement 인정(98)

acquitted 무죄선고를 받은(38)

act 행위(12,33,34)

action 활동(11), 행동(72)

actual transgressions 실제적 범죄(18): 자범죄(自犯罪)

Adam 아담(16,18)

administer 집행하다(91,95)

adoption 양자됨(32,34,36)

affection 애착(81)

aggravation 악화시키는 것(83)

agreeable to ～에 맞는(98)

all things 만물(9,48), 모든 일(101,103)

allow 허락하다(62)

Amen 아멘(107)

angel 천사(103)

any other way 다른 어떤 방법(51)

application 적용(29)

apply to ～에게 적용하다(30,92)

applyeth(30) = applies

appoint 지정하다(50,51,58,59)

appointment 지정(96)

apprehension 이해(87)

as far as it shall serve for ～에 공헌하는 한(66)

ascend up into heaven 하늘로 올라가다(28)

ascribe ～ to him 하나님께 ～을 돌리다(107)

ass **나귀**(79)

assurance 확신(36,107)

at first 처음에(40)

at the last day 마지막 날에(28)

attend thereunto 그것(말씀)에 경청하다(90)

attribute 속성(54)

B

baptisme 세례(93,94,95)

be advanced 흥왕(興旺)하다(102): 세력이 매우 왕성하다

be born 탄생하다(22,27)

be bound to 마땅히 ～하다(44)

be buried 장사(葬事)되다(27)

be comprehended 들어 있다(41)

be conceived 잉태되다(22)

be contained 들어 있다(2)

be done **이루어지다**(103)

be hastened 속히 임하다(102)

be left to the freedom of their own will 그들 자신의 자

유 의지를 지니다(13)

be made partakers of ~에 참여하는 자가 되다(29)

be much displeased 매우 노여워하다(48)

be raised up in glory 영광 중에 일으킴을 받다(38)

be tempted 시험당하다(106)

be the rather encouraged to ask 더욱 담대하게 구하다(105)

bear false witness **거짓 증거하다(76)**

beginning 시작(59)

behaviour 행실(71)

being 존재(4)

believe concerning ~에 대해 믿다(3)

believer 신자(37,38,92)

belong to ~에 속하다(64,65)

belongeth(65) = belongs

benefits 은덕(32,36-38,85,88,92, 94,96)

bless 복되게 하다(57,62); 복을 주다(91)

blood 피(96)

body 몸(22,96,97)

bow down **절하다(49)**

bread and wine 빵(떡)과 포도주(96)

break (계명을) 어기다(82)

breakers 어기는 자들(56)

bring into ~에 빠지게 하다(17), 인도하다(20), 들어가 게 하다(102)

build up 굳게 세우다(89)

by reason of ~ 때문에(83)

C

careless 부주의한(61)

cattel **가축(57)**

challenge 주장하다(62)

chastity 순결(71)

chief end 제일 되는 목적(1)

children **아들(49)**; 자녀(100)

Christian Sabbath 그리스도인의 안식일(59)

come to passe (일이) 일어나다(7)

comfort 위로(89)

commandment 계명(41-58,61-82)

commit adultery **간음하다(70)**

commonly called 흔히 ~라고 불리는(18,99)

communicate 전달하다(85,88)

communicateth(85,88) = communicates

communion 교제(19)

conclusion 결론(107)

condition 조건(12); 형편(27,80)

confession 고백(98)

confidence 확신(100)

conformity 따름(14)

conquer 정복하다(26)

consist in ~에 있다(18,27,28)

consisteth(28) = consists

contentment 만족(80)

continue 계속 있다(13,21); 거하다(27); 계속되다(59)

continueth(21) = continues

convert 돌이키게 하다(89)

convince 깨닫게 하다(31,89)

corporal and carnal 육체적이고 육욕적인(96)

corruption 부패(18)

counsel 결정(7)

covenant 언약(12,16,20,92,94)

covet **탐내다(79)**

create 창조하다(10,12,13,15)

creation 창조(8,9)

creatures 피조물(10,11)

cross 십자가(27)

curse 저주(19,84,85)

cursed 저주 받은(27)

D

daily 날마다(82)

daily bread **일용할 양식(104)**

daughter **딸(57)**

death 사망(12,19), 죽음(27,37,96)

debt **죄(105)**: 원래 뜻은 '빚'

debtor **죄 지은 자(105)**: 원래 뜻은 '빚진 자'

decrees 작정(7,8)

deed 행위(82)

defend 지키다(26)

deliver 건져 내다(20,106); **구하다(106)**

deny 부인하다(47)

descend from ~의 자손이 되다(16)

deserve 받아야 마땅하다(84)

deserveth(84) = deserves

desire 소원(98,107)

destroy 멸망하다(102)

die 죽다(35)

diligence 부지런함(90)

diligent 부지런한(85)

direct 지도하다(2,99)

direction 지도(99)

discern 분별하다(97)

disciple 제자(99)

discontentment 불만(81)

dispose 처리하다(101)

distinct 구별된(21)

divine justice 하나님의 공의(25)

do any thing against ～을 거스르는 어떤 일을 행하다 (65)

dominion 다스림(10)

doth(8,23-26,30,31,44,75,82,84,85, 87,91,94,100,107) = does

draw near 나아가다(100)

drink 마시다(97)

due to ～에게 마땅한(47,85)

duty 의무(3,39,61,64,65)

earth **땅**(49,57,103)

eat 먹다(12,15,97)

effectual calling 효력 있는 부르심(30,31): 유효적 소명

Egypt **애굽**(43)

elect 선택하다(20); 선택된 자들(88)

embrace 영접하다(31)

enable 할 수 있게 하다(31,35,101,105)

encrease of grace 은혜의 확장(36)

endeavour 노력(68)

endeavour after 힘써 추구하다(87)

enemy 원수(26)

engagement 서약(94)

enjoy 즐거워하다(1,2,38,104)

enter into a covenant 언약을 맺다(12,20)

envy 시기하다(81)

equal 동등한(6)

equally 동등하게(83)

equals 동료(64)

escape 피하다(56,85)

especially 특히(48,77,88,89)

estate 상태(12,13,15,17-20,23); 재산(74,75,81)

eternal 영원한(4,7,21)

ever since 그 후로는(59)

everlasting life 영원한 생명(20)

evil 악(12,**106**)

exaltation 높아지심(23,28)

examine 살피다(97)

example 모범(62)

except so much as ～하는 일은 예외로 하고(60)

execute 수행하다(8,23,24,25,26)

executeth(8,23-26) = executes

exercise (행)하다(12); 일(60)

expresly 특별히(58)

faith 믿음(30,33,85,86,89-91,95-97)

fall 타락하다(13,15,16,18,19); 타락(17,19,82)

feed upon ～을 양식으로 삼다(97)

first parents 첫 조상(13,15)

flow from ～에서 흘러나오다(32, 36)

for a time 얼마 동안(27)

for Christs sake 그리스도 때문에(105)

for ever 영원토록(1,19,21), **영원히(107)**

forbid 금지하다(12,47,51,55,61,65,69,72,75,78,81)

forbidden fruit 금지된 열매(15)

forbiddeth(47,51,55,61,65,69,72, 75,78,81) = forbids

fore-ordain 미리 정하다(7)

forgive **사하다**, 용서하다(105)

form 형태(99)

free 값없는(33-35,104)

freely 값없이(31,105)

from all eternity 영원 전부터(20)

from the heart 진심으로(105)

full 온전한(38,80,87)

further 증진하다(74)

generation 출생(16); **대(49)**

gift 선물(104)

give 주다(2,63,96,99,104), 드리다(47)

giveth(63) = gives

glorifie 영화롭게 하다(1,2,46, 47,101)

glory 영광(6,7,37,38,47,66,101, 102,107)

God 하나님(1-14,19-22,24,25,27, 28,31,33-36,38-40,42-44,46-60,62,63,66,82-85,87,89,98-101,103-107)

God-head 하나님의 신격(6)

Gods 신들(5,45)

Gods Elect 하나님께서 선택하신 자들(21)

good name(s) 명성(77,78)

goodness 선함(4)

gospel 복음(31,86)

govern 통치하다(11)

grave 무덤(37)

graven image 새긴 우상(49)

grieve 한탄하다(81)

growth 성장(96)

guilt 죄책(18): 율법을 범하거나, 잘못을 저지른 데 따르는 책임

guiltless **죄 없는**(53)

H

hainous 가증한(83)

hallow **거룩하게 하다**(57,101)

hate **미워하다**(49)

hath(2,7,50,52,58,59,99) = has

hear 듣다(90,107)

heart 마음(42,71,90)

hinder 저해(沮害)하다(75): 막아서 하지 못하게 해치다

holiness 거룩함(4,10,37,89)

holy 거룩한(11,54,57,58,92,100), 성스러운(60)

honour 공경하다(63); 명예(64,65)

house of bondage **종 되었던 집**(43)

however 비록 ~할지라도(56)

humiliation 낮아지심(23,27)

I

idleness 나태함(61)

image 형상(10,35,51); **우상**(49)

immediately 즉시(37)

imployment 일(60-62)

impute 전가(轉嫁)하다(33)

in a low condition 비천한 형편으로(27)

in testimony of ～의 고백으로(107)

in the sight of God 하나님이 보시기에(83)

in the space of six dayes 엿새 동안에(9)

in the whole man 전인(全人)적으로(35)

in the womb of ～의 복중에(22)

incouragement 용기(107)

infant 유아(95)

inferiors 아랫사람(64)

infinite 무한한(4)

ingraft 접붙이다(94)

injurious to ～을 모욕하는(78)

inlighten 조명하다(31)

inordinate 과도한(81)

institute 제정하다(92)

J

jealous **질투하는**(49)

Jesus Christ 예수 그리스도(21,31, 85,86)

joy 기쁨(36)

judge 심판하다(28)

judgement 심판(38,56,97)

justice 공의(4,25)

justification 칭의(32,33,36): 의롭다 하심

K

keep 지키다(44,49,50,57,58,66, 82); 거하다(102); 지켜주다(106)

kill **살인하다**(67)

king 왕(23,26)

kingdom 나라(102,107)

know 알다(46,55,101,103)

knowledge 지식(10,12,31,97)

L

labour **힘쓰다**(57)

land **땅**(43,63)

law 율법(14,27,83), 법(40,41)

lawful 적합한(60), 합법적인(68, 74)

lay up 간직하다(90)

leave 내버려 두다(20)

likeness **형상(49)**

live 살다(35)

living and true 살아 계시고 참되신(5)

long life 장수(66)

lose communion with ～와의 교제를 상실하다(19)

love 사랑(36,90,97); 사랑하다(42, 49)

M

made liable to ～을 면할 수 없는(19)

maid-servant **여종(79)**

maintain 유지하다(77)

make continual intercession 계속 중보하다(25)

make himself known 자신을 알리다(55,101)

maketh(55,89,101) = makes

male and female 남자와 여자(10)

man 사람(1,3,10,12,18,19,21,22, 39,40,77,82)

mankind 인류(16,17,19,20)

manner 방식(96)

man-servant **남종(57,79)**

meer(20,82) = mere

member 회원(95)

mercy **은혜(49)**; 자비(60,87,98)

mind 마음(31), 뜻(42)

misery 비참함(17,19,20,27,31)

moral law 도덕법(40,41)

more and more 점점(35)

most(11) = most

motion 충동(81)

N

name 이름(53,54,94,98,101)

nature 본성(18,21)

neglect 무시하다(65)

neighbour 이웃(42,69,71,75,76,77, 78,79,80,81)

no meer man 어떠한 사람도 ～않다(82)

number 수효(34)

O

obedience 순종(12,39,40,87,95,97)

obey 순종하다(103)

observe 준수하다(50)

of use 유용한(99)

offer up 드리다(25), 올려 드리다(98)

offered to us 우리에게 제시된(31, 86)

office 직분(23-26)

omission 소홀히 행함(61)

one person 한 위격(21)

openly 공개적으로(38)

ordinance 규례(50,54,88,92): 일정한 규칙. 하나님이 친히 세우고 명령하신 법률이나 규범.

ordinary 일반적인(16,88)

original righteousness 원의(18)

original sin 원죄(18)

out of a true sense of ～을 참되게 깨달아(87)

out of his meer good pleasure 자신의 전적으로 선하신 뜻대로(20)

outward estate 재산(74,75)

outward means 외적 방편들(85)

ox 소(79)

P

pain 형벌(12,19)

pardon 사면하다(33,105)

pardoneth(33) = pardons

partake of ～에 참여하다(32,97)

passe into glory 영광 중으로 들어가다(37)

peace of conscience 양심의 평안(36)

perfect 완전한(12,37)

perfectly 완전하게(38,82)

perform 이행하다(64)

performance 이행(61)

perish 멸망하다(20)

perseverance 견인(36): 굳게 참고 견딤

perswade 설득하다(31)

petition 간구(101-106)

places and relations 지위와 관계(64,65)

posterity 자손(16)

power 능력(4,6,9,22), 권세(27, 107)

practise 실천하다(90)

praise 찬양하다(107)

pray 기도하다(100-106)

prayer 기도(88,90,98-100,107)

preaching 설교(89)

preface 서문(43,44,100)

prejudicial to truth 진실을 왜곡하는(78)

preparation 준비(90)

preservation 보존(71)

preserve 보존하다(11,64,68)

priest 제사장(23,25)

principally 주되게(3)

private 사적인(60)

privilege 특권(34)

proceed from ～로부터 나오다(18)

procure 획득하다(74)

profane 모독하다(55,61)

profess 고백하다(95)

promise 약속(66)

promote 증진하다(77)

property 고유성(62)

prophet 선지자(23,24)

propriety 고유한 지위(52)

prosperity 번영(66)

providence 섭리(8,11,12)

publick 공적인(60)

punishment 처벌(56)

purchased 획득된(29,30)

pure and entire 순전하고 온전한(50)

purpose 목적(7,87)

R

read 읽다(90)

reading (말씀을) 읽는 것(89)

ready to help 언제든지 도우려는(100)

reason(s) annexed to ～에 덧붙여진 이치(52,56,62, 66)

reasonable soul 이성 있는 영혼(22)

receive 받다(33,37,38,86,90,91, 104), 받아들이다(34)

reconcile 화목하게 하다(25)

recreation 오락(60,61)

Redeemer 구속자(20,21,23,44)

redemption 구속(29,30,85,88)

religious 종교적인(50)

remember **기억하다(57)**

renew 새롭게 하다(31,35)

repentance unto life 생명에 이르는 회개(85,87)

represent 나타내다(92)

require 요구하다(3,39,46,50,54,58,61,64,68,71,74, 77,80,85,97)

requireth(39,46,50,54,58,64,68,71, 74,77,80,85) = requires

rest 쉬다(37,57,60)

rest upon 의지하다(86)

restrain 제어하다(26)

resurrection 부활(37,38,59)

reveal 계시하다(24,40)

revealed 계시된(39)

reverence 경외심(100)

reverent 경건한(54)

right 권리(34); 올바른(80); 오른편의(28)

righteous 의로운(33,56)

righteousness 의(10,18,33,35)

rise again 다시 살아나다(28)

rule 법칙(2,40,99); 다스리다(26)

S

Sacrament 성례(88,91-94,96)

Sanctification 성화(32,35,36): 거룩하게 하심

Satan 사탄(102)

Spirit 영(4), 성령(24,30,31,89,91)

sacrifice 제물(25)

salvation 구원(20,24,86,88-91)

same 동일한(6)

sanctify 거룩하게 하다(60)

satisfie 만족시키다(25): 속상(贖償)하다

saving grace 구원하는 은혜(86,87)

say 말하다(107)

sea **바다(57)**

seal 인치다(92,94)

see 보다(48)

sensible sign 지각할 수 있는 표식(92)

serve **섬기다(49)**; 공헌하다(66)

set times 규정된 때(58)

several 여러(32,64,65,83)

shalt(45,49,53,57,67,70,73,76,79) = shall

shew forth 나타내 보이다(96)

shew mercy 은혜를 베풀다(49)

shew(49) = show

signifie 표시하다(94)

sin 죄를 짓다(13,16); 죄(14,15,17, 18,20,22,31,33,35,4 8,83,84,85,87,98,105,106)

sinful 죄악 된(61)

sinfulness 죄성(18)

sinner 죄인(87,89)

sit at the right hand 오른편에 앉아 계시다(28)

son 아들(21,22,49,57); 자녀(34)

soul 영혼(22,37,42)

soveraignty 주권(52)

special 특별한(12,62,99)

speech 말씨(71): 언사(言辭)

spend (시간을) 보내다(60)

spiritual nourishment 영적 양식(96)

steal **도둑질하다**(73)

still 여전히(37)

stranger **객**(57)

strength 힘(42)

subdue 복종시키다(26)

submit 복종하다(103)

substance 본질(6)

such as do ~하는 자들(66,95)

suffer 내버려 두다(56)

sum 요지(42)

summarily 요약적으로(41)

superiors 윗사람(64)

support 붙들어 주다(106)

T

take away 빼앗다(69)

take his name in vain **그의 이름을 망령(妄靈)되게 부르 다**(53)

take notice of 주목하다(48)

taketh(48,53) = takes

teach 가르치다(3,44,48,99,100, 107)

teacheth(44,100,107) = teaches

temptation **시험**(106)

tendeth(69) = tends

thankful 감사하는(98)

the Father 성부(6,94), 아버지(28)

the Holy Ghost[Spirit] 성령(6,22,36,94)

the Lord 주(21,42,56,99,100,107), 주님(44,94,97); **여 호와(43,49, 53,57,63)**

the Lords Prayer 주기도문(99,100, 107): 주님의 기도

the Lords Supper 성찬(93,96,97): 주님의 만찬

the Old and New Testament 구약과 신약(2)

the Sabbath (day) 안식일(57,58-60,62)

the Scriptures 성경(2,3)

the Son 성자(6,94), 아들(22)

the Ten Commandments 십계명(41-44)

the tree of the knowledge of good and evil **선악을 알게 하는 나무**(12): 선과 악의 지식을 갖게 하는 나무 (*lit.*)

the Virgin Mary 처녀 마리아(22)

thee(43,49,63) = you(*obj.sg.*)

thereby(30) = by it 그것으로; 그것에 의하여

therefore(44) 그러므로

therein(36) = in it 그 안에서

thereunto(69,90) = thereto = to it 거기에

these(6,43,48) = these

thine(107) = yours(*sg.*)

this day **오늘(104)**

this life 이 세상 삶(19,27,32,36,82, 104); 이 세상(84)

thou(45,49,53,57,67,70,73,76,79) = you(*nom.sg.*)

thought 생각(61,72,82)

three persons 삼위(6)

thy father and thy mother **네 부모(63)**

thy(43,49,53,57,63,76,79,101-103) = your(*gen.sg.*)

title 칭호(54)

to all eternity 영원무궁토록(38)

to the end 끝까지(36)

toward(s) ~에게(12), ~에 대해(80)

transgression 범함(14), 범죄(16,18,83)

truth 진실함(4,77), 진실(78)

turn from ~로부터 돌이키다(87)

U

unchangeable 불변하는(4)

unchaste 부정(不貞)한(72)

undergo 당하다(27)

unite 연합시키다(30,37)
unjustly 불의하게(69,75)
unnecessary 불필요한(61)
unworthily 합당하지 않게(97)
use 사용(54,85); 유용(99)

V

virtue 덕(91)
visible church 보이는 교회(95)
visit the iniquity of ~의 죄를 갚다(49)

W

want 부족함(14); 없음(18)
wash 씻다(94)
water 물(49,94)
wealth 부(74,75)
week 주간(59,62)
weekly 매주의(59)
whatsoever tendeth thereunto 무엇이든 그럴 의도를 품는 것(69)
whereby(7,15,31,34,35,55,85-88, 101) = by which
wherefore 그러므로(57)
wherein(12,13,15,18,27,28, 33,41,92,94,96) = in which
whereinto(18,19) = into which
which art(= who is) in heaven 하늘에 계신(100)
whole 전체의(18), 온전한(58), 모든(60,99)

wife 아내(79)
will 뜻(7,24,39,98,103), 의지(13,31)
willing to 기꺼이 ~하는(103)
wisdom 지혜(4)
wise 지혜로운(11)
with a right and charitable frame of spirit 올바르고 자애로운 마음씨를 가지고(80)
with grief and hatred of ~을 괴로워하고 증오함으로써(87)
within thy gates 네 문안에(57)
witness-bearing 증언(77)
word 말씀(2,9,24,43,48,50,51, 54,58,88-90,99); 말(61,72,82)
work 사역(8,9,11,31,35), 일(57,60), 행위(61); 역사하다(91)
work faith 믿음을 일으키다(30)
works of necessity and mercy 불가피한 일과 자비를 행하는 일(60)
world 세상(28,59)
worldly 세상의(60,61)
worship 예배하다(46,47,51); 예배(50,52,60)
worthily 합당하게(97)
worthy receiver (성찬을) 합당하게 받는 자(96)
wrath 진노(19,27,84,85)

Z

zeal 열심(52)

세움북스
이해쓰기
시 리 즈

세움북스 이해 쓰기 시리즈 1

어린이 소요리문답 이해 쓰기

이해하며 쓰는 신개념 쓰기 노트!

세움북스 편집부 지음 | 김태희 해설
국배판 | 144쪽 | 13,000원

세움북스가 어린이들이 〈웨스트민스터 소요리문답〉을 좀 더 쉽게 이해할 수 있도록, 107개의 문답을 64개의 〈어린이 소요리문답〉으로 새롭게 만들었습니다. 《어린이 소요리문답 이해 쓰기》는 〈어린이 소요리문답〉을 날마다 읽고 쓸 수 있도록 만든 책으로, 쓰기는 '따라 쓰기'와 '스스로 쓰기'로 구성되어 있습니다. 또한 〈어린이 소요리문답〉의 내용을 성경에서 확인할 수 있는 '함께 읽어요'와 〈어린이 소요리문답〉을 쉽게 설명한 '함께 생각해요'도 담겨 있습니다. 무조건 따라 쓰는 것이 아니라 이해하며 쓸 수 있도록 만들었기 때문에 《어린이 소요리문답 이해 쓰기》로 〈어린이 소요리문답〉을 매일 읽고 쓴다면 어린이의 신앙이 무럭무럭 자랄 것입니다.

세움북스 이해 쓰기 시리즈 2

로마서 이해 쓰기

성경, 하나님 나라 관점으로 이해하고 쓰기!

세움북스 편집부 지음 | 김태희 해설
46배판 변형(190x250) | 124쪽 | 10,000원

성경을 쓰는 것은 성경을 꼼꼼하게 읽는 가장 좋은 방법입니다. 성경을 쓰면 말씀이 주는 유익을 보다 풍성하게 누릴 수 있습니다. 하지만 단순히 쓰기만 해서는 성경에 담긴 하나님의 뜻을 다 이해할 수 없습니다. 그래서 이 책 《로마서 이해 쓰기》에는 필사자의 이해를 돕는 해설을 더했습니다. 《로마서 이해 쓰기》는 하나님 나라의 관점으로 본문을 해설하고 있습니다. 가정에서 자녀들과, 교회에서 성도들과, 소그룹에서 지체들과 함께해 보세요! 쓰기에 해설을 더한 '이해 쓰기'로 보다 더 풍성한 쓰기의 은혜가 여러분과 함께할 것입니다.

번역 및 해설 권율 목사

고난으로 점철된 비신자 가정에서 태어난 역자는 어린 나이에 복음으로 '개혁'되는 체험을 했다. 사춘기 때부터 학교 공부보다는 성경에 푹 빠져 살았고, 극심한 가정폭력과 이혼가정에서도 성경을 묵상하고 기도하는 일에 남다른 열정을 부렸다. 결국 이러한 열정은 목회에 대한 역자의 소명으로 이어졌고, 또한 신대원 수석 입학이라는 과분한 결과를 만들어 냈다.

영문학을 전공하던 학부 시절에 SFC(학생신앙운동)를 통해 개혁주의 신학과 교리에 큰 관심을 가지게 되었고, 그때부터 시작된 번역에 대한 관심은 『원문을 그대로 번역한 웨스트민스터 소교리문답(영한대조)』 출간으로 이어졌다. 더욱이 성경 원문에도 지대한 관심을 가지고 본문의 의미를 정확히 드러내고 번역하는 일에 남다른 사명감을 가지고 있다.

또한 역자는 개혁주의 신학과 교리를 하나님의 말씀 속에 녹여, 신학의 좌소(座所)인 설교단에서 성도들에게 '들리게 하는' 일에 최선을 다하고 있다. 그래서 설교 한 편을 준비할 때마다 신학과 교리를 신자의 일상에 접목시키는 부분을 두고 끊임없이 고민하며 기도한다. 이것은 결국 성령의 사역이기에, 성경 본문을 통해 신학과 교리를 이식시키는 성령의 현재적 일하심에도 지대한 관심을 가지고 있다.

현재 김해 푸른숲교회 청년부를 담당하며 부산 세계로병원 원목(협력)으로 섬기고 있다. 또 평소에 교회를 위한 신학을 추구하면서 블로그와 페이스북을 통해 독자들과도 끊임없이 소통하고 있다. 역자가 궁극적으로 추구하는 것은 "말씀과 성령을 통한 교회개혁"이다. 이것을 가능하게 하는 주요 방편이 바로 설교임을 확신하고 있다.